愛し、愛される中で

出会いを生きる神学

榎本てる子

日本キリスト教団出版局

榎本てる子さんの葬儀「Celebration of Life」で配られたカード
（デザイン：谷口真名子）

2017年 4月 24日、関西学院大学内にあるレストランポプラにて撮影。
「Celebration of Life」でもこの写真が飾られた。

はじめに

　榎本てる子さんは、神様が与えたこの世での役割を終えて眠りにつくまで本当に休みなしに走り続けました。『讃美歌』121番（『讃美歌21』280番「馬槽のなかに」）が大好きでした。

　　　食するひまも　うちわすれて、
　　　しいたげられし　ひとをたずね、
　　　友なきものの　友となりて、
　　　こころくだきし　この人を見よ。　　（「馬槽のなかに」2番）

　榎本さんは、人と関わる時に力を抜くということはなかったのではないかと思うほど常に人を楽しませ、相手の話を聴き、一生懸命遊び、出会う人の顔の陰りの奥にある苦悩を見逃さず、車で西に東に走り回りました。その行動力は病を患ってからも変わることはなく、自分でできなくなったぶん機械を使って補いながら、今までと変わりない、いやもしかしたらそれまで以上のスピードで電動車いすを操作して走り回っていたので、周りにいる者は榎本さんが病気だということを忘れてしまいそうでした。これ

5

はじめに

ほどのエネルギーはどこから出てきたのでしょうか？

　榎本さんの底なしのホスピタリティは、彼女が生まれ育った牧師の家庭で培われました。子どもの頃、家族で夕食を食べようとすると必ず玄関のベルが鳴って教会の人がやって来る。そうすると一緒にご飯を食べることになって嫌だったと話していましたが、大人になった榎本さんは頻繁に家に人を招いてご飯を食べる機会を作っていました。HIV陽性の人たちを支援するプログラムがまだなかった1990年代に陽性者が横につながる機会を作るために、堺正章氏の財団に助成金を申請して布団を買い、自宅を開放してお泊まり会を何度も開催しました。自称「前世はタクシードライバー」の榎本さんは、同僚や学生に「送ったるわ！」と自分の帰り道と反対であっても家に送って行きました。底なしのホスピタリティに驚いた私が、「なんでそこまでできるの？」と聞くと「自分がしてもらってきたから」とさらっと言いました。自分が与えられた愛を人に与えていくのは当たり前のことというように。

　家族旅行をした時には、自分が運転をしながらしりとりをしようと言い、ノリの良いお母さんを「り」責めにして笑っていました。とにかくみんなを楽しませるエンターテイナーでした。

　榎本さんは、カトリック神父で神学者のヘンリー・ナウエンに深く共感していました。ナウエンと榎本さんには多くの共通点がありました。両人とも話をするのがとても上手く、聞いている人を引き込みます。身近な経験の話を通して私たちの中に働く神の愛についてやさしい言葉で語ります。そんな明るい面があるかと思うと、話を聞いている人の中に一人でも途中で席を立つ人がいれば、それがどんな理由であったとしても自分の話が面白くなかったからだと決めつけて落ち込んでしまいます。また話が終わってから誰も声をかけてくれなければさらに落ち込み、回復するのに時間がかかっていました。ナウエンと榎本さんは、抑圧されている人の中で神と出会うという点でも同じで、ナウエンはラテンアメリカ諸国に出向き、榎本さんは学生時代に釜ヶ崎に出向き解放の神学に共感しました。ナウエン

は障がいをもつ人たちの共同体であるラルシュに癒しを見出し、榎本さんはバザールカフェを立ち上げ痛みを分かち合える共同体を創りました。

榎本さんは、人と出会う時、自らの弱さを先に出しました。自分に分からないことを知ったような顔で語るのではなく、分からないとはっきり言いました。そして常に探求し続けていました。大人になる中で私たちの大半が身につけてしまう羞恥心やプライドを外して、子どものような正直さで相手に向き合いました。その姿勢は、相手を安心させ弱さを出しても良いんだという気持ちにさせました。榎本さんは、話をする時に安心して話ができる環境を確保して短時間でもしっかりと相手と向き合い、相手の気持ちをピンポイントで捉えたのだと思います。プライバシーが保証される場として自分と相手だけが乗った車は、最適な動くカウンセリングルームだったのです。

榎本さんにとって「死」は生涯かけて取り組んだ課題でした。榎本さんのお父さんは旅の途中で倒れました。兄姉と共に駆けつけた時、お父さんはすでに昏睡状態でした。そして皆の祈りにもかかわらず、家族に見守られて亡くなりました。14歳の榎本さんにとってこの経験は、残酷なことでした。お父さんの気持ちを聞くことも、和解することもできないままこの世で別れなければならなかったという痛み。それをずっと持ち続け、その痛みから逃げずに一生向き合い続けました。だからこそ、他者の持つ深い痛みを捉えることができたのだと思います。

榎本さんは、市川海老蔵の妻で、ガンを患っていた小林麻央さんのブログを毎日読み、病床からの言葉に感銘を受け、共感していました。そしていつしか自分もフェイスブックを通して感じたことを発信し始めました。最初は、ノートブックパソコンを抱えてキーボードを叩いていましたが、重さに耐えられなくなるとiPhoneの小さな画面に打ち込んでいました。読者からの返信にもていねいにコメントを返していました。2018年2月に入院してからはiPhoneが人とつながる唯一の手段でした。この本の第3部に収録されたフェイスブックのメッセージは、今だから感じる

大切なことを伝えねばならないという使命感が書かせたものです。

　榎本さんの神学は、常に生きている人の中にありました。生きづらさや孤独を経験している人に学び、言葉化して、普遍化しました。そして体力の限界が近づく中で命の崖っぷちからスピリチュアルケアとは何かを定義しました。スピリチュアルケアとは、親身になること、誠心誠意接すること、自分のことを覚えていてくれること、手を握ること、傷ついた身体からの叫びを感知すること、祈っていてくれること。自分の感性で実感したことだけを声高らかに伝えた榎本さんの姿勢は病床にあっても変わりませんでした。

　榎本さんは、近江兄弟社学園（現ヴォーリズ学園）と同志社女子高校の聖書科教師、日本バプテスト看護専門学校のカウンセラー、同志社大学社会学部社会福祉学科の非常勤講師、そして関西学院大学神学部の准教授と多様な形で教育に関わってきました。榎本さんは、学ぶことが特別な出会いとなるようにいつも相当の工夫をする人でした。高校で聖書を教えていた時には、フィリピンに行くたびにストリートチルドレンを支援している友人を訪ね、子どもたちに絵を描いてもらって日本に持ち帰り、次に日本の子どもたちの絵をフィリピンに持っていって渡しました。またビデオレターを撮影して子どもたちがメッセージのやり取りをすることで、海を越えて同世代が出会う機会を作りました。

　神学部の授業では、参加者が小グループになって作業をし、自分の内側に目を向けるワークショップを多く取り入れました。フィリピンの心理学者であるアーネスト・タンは数多くの心理学理論を熟知した上で自分を振り返ることができるワークショップを考案してカトリックの修道者や大学生に教えていました。アーネスト・タンが指導する研修に参加した榎本さんは、その方法を大学の授業でも取り入れました。アーネスト・タンのワークショップについては、〈牧会カウンセリングの現場における「聴く」ことと癒し〉（本書36頁以降）の中で具体的に紹介しています。

　榎本さんは、牧師の役割や牧師を育成する神学教育に対しても提言をし

ています。牧師は生身の人間であり、弱さと偏りをもった一人の人であることを理解していることが大切だと確信していました。また牧師は地域で働く一人の支援者としてソーシャルワーカーのようでなければならないとも話していました。人の苦悩や悲しみを受け止め、自分だけで解決しようとするのではなく、社会ネットワークのチームで支え、専門家の力も借りて支援していくことが必要であると言います。そして牧師が地域で働けるように準備する訓練が神学教育の中で必要だと榎本さんは言います。そのためには、社会の中での牧師の役割、教会の地域での役割について理解を持つこと、人との関係づくりの訓練を行うこと、自分自身の傾向や根源について理解する訓練を行うこと、相手に聴く訓練を行うことが必要です。これらの課題はこの本の隅々に提起されていますが、まだ発展途上にあります。神学教育に携わっておられる方や、これから勉強しようとしている人たちにバトンを渡すために榎本さんは文章を残したと思います。また牧師のみならず人に関わる多職種の人たち、医療や福祉や心に関わる人たちが分野を超えて協働し、全人ケアーを実践していくことが今の時代益々必要となっています。

　この本は、榎本さんを押し出して病床で俄然やる気にさせた関西学院大学神学部卒業生の大森照輝さん、編集を任せて良いと申し出てくださった工藤万里江さん、そして榎本さんの文章を面白いと感じて出版の企画を立ててくださった日本キリスト教団出版局の土肥研一さんのご協力がなければ生まれませんでした。改めて感謝いたします。

青木理恵子
（特定非営利活動法人 CHARM　事務局長）

愛し、愛される中で

出会いを生きる神学

榎本てる子

目次

はじめに　青木理恵子　……5

序　……15

第1部　論文

人としての牧師　——市民社会の課題を担って　……20

牧会カウンセリングの現場における「聴く」ことと癒し　……36

HIVカウンセリングの現場から
　　——「スティグマ」からの解放を目指して　……54

自死念慮者に対する牧会ケア　……64

第1部　初出一覧　……94

第2部　メッセージ

関西学院大学神学部シリーズチャペル　私にとっての神

人生は神さまに出会えた（マルコによる福音書15章33–39節）……96

第3部　フェイスブックへの投稿

1　ひとりで立って、共に立つ（2017.8.4～2018.2.20）……108
2　揺れる、祈る、手放す（2018.3.2～2018.3.24）……134
3　愛に羽根が生えて羽ばたけるように（2018.3.28～2018.4.21）……165

第4部　榎本てる子が歩んだ道

Praise the Lord !!!　神に栄光あれ　　橋本るつ子　……190

神学者としての榎本てる子　──「善いサマリア人」の神学　　中道基夫
……196

おわりに　大森照輝　……203

挿画　ニコ・カルボナーラ

装丁　松本七重

序

　「先生、今まで先生がボクらに言ってきたことを残してくださいよ。手伝いますから。ボク、今度は後悔したくないんですよ」と、突然卒業生の大森照輝さんに手を握られたのが、バザールカフェのチャリティーイベント「GOGO パーティー」(2017 年 9 月 23 日)が終わってしばらくした、とある日でした。

　2017 年 8 月に呼吸が苦しくなり、当時通っていた病院の呼吸器科を受診した際、担当医に「私の肺はどれくらい持ちますかね〜。あと 1 年ですか?」と軽く聞いたら、先生が私の目を見つめ「そうかもしれませんね」と答えました。「え、冗談でしょう」と思い先生の目を再度見つめても、先生は「冗談ではないよ」と言わんばかりにまっすぐに私の目を見つめていました。

　それから私は「あと 1 年なんて、まさか」と思いつつも、自分に必要なものを 3 つ考えました。①助けてくれる仲間がいてくれる環境。えーい、どうせ寝たきりになるんだから、いいお家を借りるんだ!と引越しを決意。神さまが 1 週間ですてきなお家を用意してくれ、すぐに引越しをして、友人や家族が毎日助けてくれる生活を 2017 年 9 月から始めました。②仕事。大学の神学部で教えている私は授業もあるし厚労省、文部科研などの研究の最終年でもあって、どうしても仕事を休むことができない。自分の

ゼミの生徒たちは学部の3、4年生や院生。かわいすぎて最後まで見てあげたい、というわがままな願いをどうしても捨てられません。そこで職場の産業医の先生と相談。その先生は私の性格、生き方を理解してくださり、生き方を通して学生にいのちについて、生きること、死ぬことを伝えられるよう応援しましょうと言ってくれました。そして神学部の部長をはじめ同僚のみなさんが支えてくださいました。その上、私の専門である実践神学に必要な社会を見る目を養う助けをくださる社会学部の白波瀬達也先生がゼミにいてくれたり、実践神学の同僚の中道基夫先生が協力してくれたりして、なんとか後期の4年生のゼミと院生のゼミを担当し、無事にみんなの成長の過程に参加することができました。これは奇跡でした。③一番の問題、病院探し。紆余曲折がありましたが、神さまに導かれ最高の医療とケアを受けることができています。

　最近は、私の人生いろいろあったけど感謝することが多いよねと思い、安らかな気持ちになっています。大森さんには悪かったのですが「何かを残していきましょう」と言われたときは、しばらくそんな気にはなれないよ、死ぬことを意識して生きるのは無理。それはいつもどこか頭の隅っこにはあるけど、なるべく見ないように生きていきたい。書くということは、死を意識しないといけない、勘弁して……と内心拒絶していました。具体的な本の出版に向けての話し合いも、参加しているけど心ここにあらずでした。

　しかしながら、不思議なことが起こります。修士論文の口頭試問が終わってしばらくして、体調が思わしくなくなり、呼吸困難になり、緊急入院したのです。救急車で来なさいと言われたにもかかわらず、恥ずかしいという思いで友人たちに送ってもらい病院に。すぐにCTを撮りました。その結果、先生から肺の状態が悪化していると聞かされ、数日以内に人工呼吸器をつけなければいけないかもしれないので、どうしたいか家族と話しておいてくださいと言われたのです。もう自分の状態はそこまで悪かったんだと思い、先生にどうして欲しいのかを伝え、家族にも伝えました。

その時初めて「私はまだ生きていたい。やり残していることがある。私がこの55年間に受けた神さまからの恵みをちゃんと感謝を持って書き残したい。そして私が人生で学んだことを伝え、分ち合いたい」と強く思うようになりました。神さまが与えてくださっている時間を生きぬく、自分自身の人生を振り返る作業をしたいとやっと思えるようになりました。大森照輝さん、工藤万里江さん、よろしくお願いしますね。やっと自分の状況をしっかりと見れるようになってきました。

　今日は医学部生が来たので「私は、昨日 iPhone にある写真をずっと見ていて、自分がどんどん弱っていることを実感したのよ。今回乗り越えられても、限られた時間だと思うので、いろいろと人生で感じたことをまとめたいと思うのよ、こんな風に振り返る機会を与えてもらっていることに感謝できるように今なってます」と話しました。でもね、この本には私の「揺れ」「葛藤」も込みで書きたいと思います。だっていつも揺れてる私だから。

　タイトルの「愛し、愛される中で」は、私にとって癒しの原点は関係性の中にあるという思いでつけました。自分が自分とどのように関係していくのか、人とどう関係していくのか、そして私にとって自分を超えた存在である神さまとの関係について、自分の人生を振り返りつつ、感じたことを書き残していこうと思います。この本は神学書ではありませんが、私にとっては自分が学んできた牧会カウンセリングを整理する本でもあります。私の物語とこの本を読んでくださった人の物語との間に対話が生まれ、そこに自分を超えた存在の働きをそれぞれの感覚で感じてくだされればと願っています。

　さあ、はじめましょう！

2018 年 3 月 9 日

榎本てる子

京都府立医科大学附属病院　観察室にて

第1部　論文

てる子さんの牧会的・学問的関心の柱であった、バザールカフェ、牧会カウンセリング、HIV、自死を主題とした文章を掲載する。

第1部　論文

人としての牧師

市民社会の課題を担って

はじめに

　牧師には色々な働きの現場がある。教会、学校、施設、そして市民団体
……。しかし牧師の間でも教会員の間でも、教会以外の働きは「牧会」と
理解してもらいにくい現実もある。カレン・ルバック（Karen Lebacqz）と
ジョセフ・D・ドリスキル（Joseph D. Driskill）はその著書『倫理とスピリ
チュアルケア』（*Ethics and Spiritual Care*）の中で、「アメリカのキリスト教界
で様々な課題と取り組む宣教に関わっている牧師は教会にいる人たちから
その宣教に対して価値があるとみなされていないと感じている」[注1]と述
べている。そして「病院や学校で働く牧師たちはよく『いつ牧会に戻って
くるのか？』と教会で働く牧師に聞かれる」[注2]という報告も述べている。
アメリカでも、教会以外で働いている牧師の働きはあまり理解されていな
いことを知り、課題に取り組んでいるアメリカの牧師の孤独感が想像でき
た。

　私は牧会の多くを「教会」以外の現場で行ってきた。福祉施設でのチャ
プレンインターン、教育機関での働き、行政機関での牧会カウンセラーと

しての働き、課題に取り組む巡回教師として日本キリスト教団京都教区でのバザールカフェプロジェクト、エイズへの取り組みなどが主な働きであった。建物としての「教会」で働かない牧師にとっての「牧会」について、今までの牧会活動を通して考察し、同時に牧会者にとって大切な姿勢についても考察を深めていきたい。

1 バザールカフェプロジェクトとは

バザールカフェプロジェクトは、日本キリスト教団京都教区が集会場とし、北アメリカ合同教会グローバル・ミニストリーズ（旧 United Church of Christ Board of World Ministries：UCBWM, 現 CGMB：Common Global Ministries Board, UCC & Disciples of Christ）と使用契約を結んでいる宣教師館の1階部分で1998年5月からカフェ運営を開始した。

北アメリカ合同教会（United Church of Christ, UCC）は社会正義、移民問題、マイノリティー問題、セクシュアリティーに対しての取り組みを積極的に行っていたため、バザールカフェプロジェクトの理念を設立当初より支援している。

バザールカフェの設立に関わった実行委員の背景は、キリスト教会、市民団体、芸術活動など様々で、それぞれの立場で社会において差別や抑圧の問題に取り組み、生き辛さを抱えながら生きてきた人たちと関わってきた人たちであった。私たちは、経験や価値観の違いを超え、バザールカフェで一致してできる活動について話し合いを重ねた。そして、何度も話し合った結果、バザールカフェの理念は以下のようになった。

1. セクシュアリティー、年齢、国籍、病気など様々な現実に生きている人々がありのままの姿で受け入れられ、それぞれの価値観が尊重され、社会の中で共に生きる存在であることが相互に確認される場を目指す。そしてこのような様々なことが実は個人の一つの特徴であることが、当たり前に受け入れられるような社会となる小さなきっかけ作りをしていくこと

第1部　論文

を目的とする。

　2. バザールカフェは従来のカフェ（喫茶店）の概念を拡げ、人が出会い、交流し、情報を交換し、社会で行われている多様な活動への窓口になると同時に、様々な事情を持つ滞日外国人、病いを抱える人たちなど社会参加の機会が少ない人たちに就労の機会を提供し、同時に共に働くことにより、社会問題を学ぶ機会を学生に提供していくことを目的とする。

　活動内容としては、この10年間、週に3日間前述した人たちの雇用の場としてのカフェ運営を行い、同時に市民活動のネットワーク作りに場を提供してきた。また、カフェでは、セルフ・サポート（自助団体）グループがミーティングや交流会を行っている。例えば、人生の途上で視力を失った人たちが月に2度定期的にミーティングを行ったり、週に1度、薬物依存回復のための NA [注3] ミーティングも行われている。

　同志社大学との連携で社会学部や神学部の学生が研修生として1年間実習をしたり、大学の授業と提携しフィエスタ（祭り）を行い共に働くことにより、滞日外国人の方々が抱える日本での生活の現状などを学ぶ機会を提供してきた。2007年度は同志社大学社会学部社会福祉学科と神学部の学生が薬物依存回復のためのグループホーム京都 DARC（ダルク）[注4] のメンバーと一緒に新しいカフェ作りを週に1度試みている。また10年間の歩みの中で私たちは仲間ができることにより人が変わっていったり、バザールカフェでボランティアをする人たちの何気ない助け合いの中で多くの癒しを体験してきた。

2　バザールカフェプロジェクトが目指したもの

──ヘンリー・ナウエン「痛みの共同体」

　現在のスタッフの一人である滞日外国人男性は、様々な問題を抱えた時、何度もバザールカフェに来てはしばらくみんなと一緒に働いて、途中でい

なくなった。彼はその時、人生をあきらめたり人間を信用できなくなっていた自分にとって、どうせ死ぬのなら友だちを作る意味もないし、ここの人たちも信用できないと思っていたそうだ。しかし、10年目で本当にどん底になり財産も健康も失った時、彼はまたバザールに戻ってきた。彼は、バザールカフェはいつ来ても、みんなが何もなかったように温かく迎えてくれたと話す。彼は今では、自分自身の人生におこった神の奇跡について証をしている。また、彼は自分にバザールカフェがしてくれたことを、自分と同じような人に今度は自分がしていきたいと願い、バザールカフェで中心的に働いている。彼は放蕩息子の話を用いて自分の人生を話す。彼が「我に返り」神の元に帰ってくるのに10年かかったが、その10年間バザールカフェは色々な人たちによって継続できた。だからこそ、彼が必要な時まで、カフェは彼を待っていることができたのである。

　サーカスなどでみる空中ブランコを喩えに用いて、悲嘆のプロセスが説明されることがある。私たちは人生を歩んでいる中で、愛する人を失ったり、自分が病気で苦しんだり、離婚したり、自分の夢がかなえられなかったり、失業したり、自信をなくしたり、友だちとけんかしたり、恋人と別れたり、様々な出来事を通して悲しみや嘆きや苦しみ、つまりグッドバイのブランコに乗る。そしてグッドバイのブランコに乗っている時に私たちは、孤独感や八方ふさがりの絶望感で憂鬱になり動けなくなったりする。そんな思いにグッドバイを告げるのは非常に難しい。空中ブランコのことを想像してみよう。グッドバイのブランコに乗って次のハローのブランコに行こうと思ったら、一生懸命ブランコをこがなくてはならない。ハローのブランコは希望、新しい生、道が開けることの象徴である。私たちはハローのブランコに移った時、ほっとする。また、ハローのブランコに手が届かず落ちた時、地面にたたきつけられると思うよりは、網があって怪我をせずにすむと思ったら、安心してブランコをこぐことができる。そして何度落ちても網に助けてもらうことによって、こぎ方がだんだんうまくなり、ついに無事もう一つのブランコに移ることができる。しかし、ここで

ブランコの下にあるのは網ではなくトランポリンなのである。網は落ちてきた人を怪我しないように包み込むのに対して、トランポリンはその人を跳ね返す力がある。それ故に、落ちてももう一度跳ね上がり、うまくいけばハローのブランコをつかむことができる。トランポリンは、落ちてきた人をその人にあった位置に戻してあげる役目がある。跳ね上がる力は人によって違う。しかしトランポリンは、その人が落ちてきた以上の勢いでその人を跳ね上げたりはしない。そして人は、何度も落ちては跳ね上がるうちに、ハローのブランコに手が届くようになる。

　このトランポリンこそ、バザールカフェが目指した共同体であった。トランポリンの網目は、共同体に関係する一人ひとりである。一人ひとりが網目の一人としてお互いにつながっているのである。牧師一人がいろんな人のトランポリンにはなれない。トランポリンに落ちても、あたる場所は人によって違う。いろんな人によって、共有できるものは違う。しかし、ある部分が引っ張られると、他の部分はその部分に引っ張られるように、みんな一人ひとりが支え合っているのである。そしてトランポリンには、網を張るための支柱が、4本ある。その4本は、教会なら聖書であったり、祈りであったり、信仰であったりする。しかし、バザールカフェに集うのはキリスト教信仰を持った人たちだけではない。そのため、4本の支柱については、クリスチャンでない人とも共有できるもので語る必要があった。私たちは、（1）痛みを分かち合える交わりを作り、（2）見えなくされている人たちの声を聴き、（3）ありのままでいいのだと思える空間を作り、（4）援助する人、される人という関係ではなく、私とあなたという関係の中でお互いを支え合っていく空間を作っていくことを支柱とした。

　ヘンリー・ナウエンはその著『傷ついた癒し人』の中で「牧師とは痛みを取り除くのが仕事である医師のような人ではなく、痛みを分かち合えるレベルまで深めることができる人である」(注5)と述べる。私たち牧師は痛みを分かち合える共同体作りを目指し、その一員として自分自身もまた自

人としての牧師

分の痛みと向き合っていくことが求められる。またナウエンは、「キリスト教共同体は、傷が治ったり軽減されたりするのではなく、新しい視点を持つ機会や始まりである故、癒しの共同体である」[注6]とも言う。ナウエンの言うところのキリスト教共同体は、まさに、空中ブランコの喩えにおけるトランポリンなのである。その共同体の中で人は、何度も落ちたり跳ね上がったりするプロセスを通し、苦しみや悲しみに対して新しい視点を持つことができるのである。バザールカフェにとって、前述した支柱があることが、宗教的背景の違う人たちと共に活動をしていくためにはなくてはならない理念であった。バザールカフェで働く牧師は、いかにキリスト教用語をそのまま用いず、キリスト教的概念をクリスチャンでない人に対しても理解と共感が持てる言葉にしていくか、常に模索しなければならない。

3 メタノイア──視点の変換の場としてのバザールカフェ

バザールカフェでは、ボランティアが背景の違う人たちと一緒に働いている。一人ひとりの背景に関する情報は前もっては伝えない。しかし働く中で信頼関係が作られていく。例えば休憩中にご飯を食べながら、日常生活でどのような苦労をしてきたかなど、自然に話がはじまる。また、食事は色々な国のシェフが作るため、滞日外国人シェフがそれぞれの文化について話をしたり、日本での生活について話をしたりする機会がある。例えば、80歳を越える在日韓国人一世のオモニからは、料理を通して日本での生活についてのオモニの歴史を聞いたりする機会があった。

様々な背景を持った人たちの中には、なかなか仕事が見つからない人も多い。見つかっても、新たな問題がおこり生活が安定しないため、継続して就労することが困難な人たちもいる。バザールカフェは、色々な事情を抱えながら少しでも社会との関わりを求める人たち、仕事に就きたいがまだフルタイムで働く自信がない人、日本人とのつながりを求めている人た

25

ちを優先的に雇用している。年間雇用している人数は約 10–20 名である。そしてその人たちとボランティアスタッフが共に働くことで、事情があって急に休む人たちがいてもカフェ運営を継続できる態勢を作っている。

　しかし、雇用されている人たちには様々な事情があり、遅刻者や欠席者が増えると、ボランティアスタッフの負担が増え、必ずこのような運営体制に不満が爆発する。どうして休んだり遅刻したりする人たちにお金が出るのか、バザールカフェはここでしか生きていけない人を作っていくのか、こんなことでは社会復帰なんかできない、休んでも影響のない仕事についてもらったらいいのではないか。様々な話し合いが行われてきた。結論は未だにでない。一つずつ異なる事情があり、何が一番いいのかを決めることはなかなかできない。しかし話し合うプロセスを大切にし、状況の下で柔軟に対応することを学んでいる。

　私は、学生たちに TAB という考えを話す。昔、「障がい者」を表すのに "Disabled"（できない人）という言葉が使われた時期がある。そして「健常者」という言葉として Temporary Abled Body ＝ TAB（一時的にできる身体）という言葉が出てきた。この TAB という考え方の背景にあるのは、自分が今は見えたり、聞こえたり、働けたり、動けたり、話せたりする能力を持っているが、それは一時的であって、将来それができなくなるかもしれないという理解である。できなくなった時に生きにくい社会、できない人がここにいてはいけない、食べてはいけない、価値がないと思ってしまう社会だと、自分も将来生き辛いことになる。だからこそ自分自身も TAB だということを意識し、社会をみていくことが大切なのである。その際、聖書のぶどう園の話を用い、このバザールカフェでは優先的に様々な事情を抱えた人たちがその状態の中でできることをし、できない時はできる人たちが助け合っていくことを大切にしていることを伝える。

　「生産力」「できること」「効率」に価値がある社会の中に生きている私たちの価値観が揺さぶられ、新たな視点を持つ機会となっている。バザールカフェの現場でおこっている様々なことを通して、多様性を認め合うこ

との大切さと難しさなどを一人ひとりが実存的に体験している。

　バザールカフェでは、話し合いや人との出会いを通して、社会の見方、自分の見方、人の見方に新しい視点を与えられる。多様性を認めるとは対話を続けることであり、その対話が忙しさで失われたり、話しても無駄と思い対話をあきらめたら、新しい視点に気づいたり学んだりすることができなくなる。ともすれば背景が似た人たちと出会いやすい私たちが、立場や背景が違う人たちと出会い、色々な人たちが生きているということを実感し、出会った人たちの声から学ぶ機会をバザールカフェは提供してきた。

　自分たちが当たり前と思ってきたことが、当たり前でないこと、自分たちはマイノリティーでないと思ってきたが、誰でもマイノリティーになる可能性があることなどを、バザールカフェで出会う人たちの思いを聴くことを通して一人ひとりが感じる機会となっている。

4　バザールカフェにおける「神の民」理解

　バザールカフェはいわゆる「教会」ではない。しかし色々な人たちと共に生きていくことを協働しながら学ぶ場所として、背景の違う人たちが集まりカフェを運営している。日本キリスト教団京都教区はこの業を教区の業として支援している。しかし「バザールカフェは牧会ではない」という意見もある。先日土地と建物を所有しているアメリカのグローバル・ミニストリーズのスタッフが京都教区を訪問した際、バザールカフェの働きについて発表をした。アメリカで牧師でもあるスタッフが「あなたたちの活動は、学生たちが生き生きと自分たちの活動を紹介し、様々な背景を持った人たちの癒しの場を一緒に作るものとなっている。まさにあなたたちのバザールカフェが教会です」と力強く話してくれた。たくさんの人がキリスト教信者になったわけでもなく、教会とのつながりの弱さにコンプレックスを持ってきた私たちスタッフにとって、「この働きが教会だ」という言葉は励みとなり、そして自分たち自身も知らぬ間に狭い意味での「牧

会」や「教会」に囚われていたことに気づいた。アメリカのディサイプルス教会はこの 10 年間に教会を 1000 作ることを目標にしたそうだ。そして不可能とも思われるこの 1000 が、5 年ですでに 500 を越え、その新しい教会のほとんどが移民の教会であるそうだ。「教会」が主体的に地域にある課題をアセスメントし、そのことを通して必要なサービスを地域に提供し、地域に根ざした牧会をしていることに慣れているディサイプルス派の牧師だからこそ、課題に取り組んでいるバザールカフェの歩みが「教会」そのものだと理解できたのであろう。「教会」の外で働いていると「教会」に行っていないが現実の社会で様々な苦しみや痛みを抱えながら生きている人たちに出会う。その人たちと共に歩んでいく働きも広い意味での牧会であることを再認識した。

　イエス・キリストの生き方を共有できる人は、宗教を問わず皆が「神の民」である。そして私たちキリスト者は、神がイエスの宣教を通して私たちに示された神の国を実現し、完成させてくださるのは神ご自身であることを信じ歩んでいく者である。私たちは、イエス・キリストの働きの中に神の国の雛形をすでに見ている。そしてその神の国の完成に向けて歩んでいる時代に生きているのである。イエス・キリストの宣教とは、まさに「主の霊がわたしの上におられる。貧しい人に福音を告げ知らせるために、主がわたしに油を注がれたからである。主がわたしを遣わされたのは、捕らわれている人に解放を、目の見えない人に視力の回復を告げ、圧迫されている人を自由にし、主の恵みの年を告げるためである」（ルカ 4:18–19）と書かれていることなのである。教会以外の場で働く者は、イエス・キリストの生き方をどのように他の宗教を信じる人たちや宗教に関心のない人たちと、言葉のみではなく存在をかけて共有していくのかが問われている。「教会」以外で働く牧師にとっての牧会とは、みずから色々な人の中に入っていき、神に創られた大切な人として生きていくことができない人たちの状況を共に考え、そのような状況を作り出す社会構造に対しては闘い、そしてその人に内面的な解放を与えてくださる神の存在を信じ、その

人と共にいることではないだろうか。言葉のみではなく生き方自体が問われているのである。

5 バザールカフェプロジェクトにおける牧会者

i 問われる私──受肉したキリストと共に

生き方をもってキリスト教を伝えるには「自分自身」が問われる。そして時には厳しいことを言われたり、自分自身の言動がキリスト教嫌いの人を作ってしまうこともある。

私自身も、方針や思いの違いでクリスチャンでない運営委員とぶつかったことがある。みんながカフェに夢を持っているが故に、自分たちのやり方や考え方を譲れない時があった。バザールカフェは、色々な場で活動をしていた人たちが、多様性を認め合うという思いで「場づくり」をするために集まった。一人ひとりが自分の持つ夢と才能を惜しむことなく出し合った。アーティストの人たちは多くの時間を使って素晴らしい場を作ってくれた。しかし運営が始まった時、次第に夢の方向や考え方の違いなどでぶつかることが多くなった。多様性を目指した自分たち運営委員の間で分裂が起こり、対話を継続していくことができなかった。自分の思いが強かった時に独裁者のように物事を決めていく自分があった。キリスト教の立場を守るという思いがその時の私には強かった。仲間が散ってしまった後、なぜ「力」で自分の思いを通そうとしたのかを振り返ってみた。振り返るプロセスの中で、「権力」と「力」を固守することにより自己アイデンティティーを守る傾向のある自分に気づき、「キリスト教嫌い」の運営委員を生み出しその人たちが去って行ったことを反省した。

前述したように、生き方をもってキリスト教を伝えることは、自分自身が問われる。しかし私たちは神学部教育課程の中で、「牧会」する方法を学ぶ機会は多かったが、自分自身と役割としての「牧師」がどのように関係しているのかを深める機会は少なかった。ゲイリー・L・ハーバウ（Gary

L. Harbaugh）は著書『人間としての牧師』（*Pastor as Person*）の中で、「牧師
も人間である。そして牧師が経験する教会での多くの困難や問題は、牧師
自身が自分が牧師であることを忘れて起こったのではない。教会で経験す
るほとんどの困難や問題は、牧師自身が自分が一人の人間であることを忘
れたことによって起こる」[注7]と述べている。彼はその著書を通し、牧師
自身が「キリストにおいて包括的人間」（whole person in Christ）であるか
を見直す機会を提供している。

ⅱ　自分の価値観と牧会──どこに立つのか

　ハーバウは、包括的人間としての牧師（Wholistic model）について考え
る際に、（1）私は歴史である（I am my history）、（2）私は状況である（I
am my situation）、（3）私は私の選択である（I am my choices）──すなわ
ち、今の自分があるのは今まで生きてきた自分の歴史が影響しており、私
は今いる状況の中で自分自身の選びを持って生きている、という考え方を
土台に、牧師の人間としての身体的、社会的、思考的、精神的側面につい
ての考えを展開している[注8]。

　私は私の選びを持って生きていると言う際に、私たちには自分自身の価
値観が影響する。

　牧師にとって自分自身が、どのような価値観を持っているのかを牧会に
出る前に考えることは大切である。なぜならその価値観が、無意識に対人
関係や牧会方法などに影響を与えるからである。

　イエス・キリストも宣教に出て行く前に荒野で悪魔の誘惑に出会う。ロ
バート・レスリー（Robert Leslie）は『イエスとロゴセラピー』（*Jesus and
Logotherapy*）の中で、「イエスの荒野の誘惑についての記録の中には、人間
の魂の内部で起きる葛藤についての古典的な描写がなされている」[注9]と
述べる。そしてこの物語は、「人間イエスが自己のうちで支配権をにぎろ
うとしているさまざまな力を知り、いつもおそってくる誘惑を意識的に克
服して、自己のすべての行為に意味を与えるような価値体系にもとづいて

人生の方向づけを行うありさまを描いている」[注10] と言う。

　レスリーは、最初の誘惑を「快楽原理に身をゆだねること」と捉え、「飢えや、痛みや寒さから解放されるためにさし迫った肉体の要求を満たすことは、誰にでもある傾向である」[注11] とし、第2の誘惑は、「力の原理を優勢にさせ、個人の地位や名誉への野心をすべてのものに優先させることである」[注12] と述べる。その誘惑に対してイエスは、神を喜ばせることにおいてこそ自己の位置（地位）を見出すのである。そして最後の誘惑は、「個人の責任回避」[注13] の誘惑であると言う。イエスは人間の苦悩を自分自身の中に持っていることを認識し、その上で、自分の内に起こってくる誘惑や思いと自分自身のあり方との間で葛藤し、自分の生き方を決断した。イエス自身ですら、宣教に出る前に荒野で一人、自分自身と向き合ったのである。その作業がなかったらイエスは権力や名声や誘惑に無意識の内に巻き込まれていたかもしれない。しかしイエスは、宣教の中で再び起こってくる自分の中にある誘惑が何であるのかを意識し、原点に戻りながら神に仕える姿を私たちに示してくれたのである。新約聖書の中に描かれているイエスは、何度も民衆や弟子たちと離れて一人になり祈っている。イエスは絶えず孤独を選び、そして孤独な中で自分の内に起こってくる誘惑や弱さと向き合い、神と対話をし続けたのではないだろうか。牧会者は、イエスが荒野で誘惑と向き合ったように、牧会に出る前に自分自身の弱さや誘惑と向き合い、神との対話を通し価値観の原点を見出す必要がある。その原点があるからこそ、牧会の中で絶えず自分の内で起こってくる様々な誘惑や弱さに対して、何を選びながら牧会を続けていくのか決断することができるのである。

ⅲ　側にいて見守る牧会者——ゲツセマネの祈り

　ホスピス運動の第一人者でありイギリスのセントクリストファーホスピスの創設者であるシシリー・ソーンダース（Cicely Saunders）は、十字架につく前にゲツセマネでイエスが弟子たちに向かって言った「わたし

は死ぬばかりに悲しい。ここを離れず、目を覚ましていなさい」（マルコ 14:34）――英語では "Remain here, and watch"（ここにいて見ていなさい）――という言葉こそが死を前にした人の言葉であり、ここにいて見守る姿勢こそが、ホスピスで働く者にとって大切であると述べる。死を前にして様々な思いに苦しむ人たちは、自分と同じように死を前にして様々な思いに苦しむイエス、「アッバ、父よ、あなたは何でもおできになります。この杯をわたしから取りのけてください。しかし、わたしが願うことではなく、御心に適うことが行われますように」（マルコ 14:36）と必死に祈るイエスの姿に、自分自身を投影する。そして、そのイエスが弟子たちに言われた「ここにいて見ていなさい」――これこそが牧会者に求められる姿勢なのである。聖書を読み、祈り、帰ることが私たちの役割ではない。側にいて見守る、それは苦しんでいる人の側にいて話を聴き、表現されない心の叫びを察し、全人格を持ってその人に向かうことである。それは本当に難しいことである。弟子たちですらイエスの叫びを聴きながらも眠り込んでしまった。眠り込んでしまう弟子たちの姿に私たちは自分自身を投影することが多い。

　私はカウンセリングの現場で弟子のように「側にいることができず眠ってしまった自分」に愕然とする時がある。その出来事を通してなぜそうなったのかを考える。その問いの中で、自分の心の中で「彼を救ってあげなければならない」「彼を楽にさせて喜ばせたい」「楽にさせることでよいカウンセラーとして評価してもらいたい」というメサイア・コンプレックスと、他者による評価によって自分の価値を見出そうとする自分自身の欲求が勝ってしまい、相手の話を聴けずむなしい言葉で時間をうめている自分に気づく。

　メサイア・コンプレックスや、他者を喜ばせることで自分自身が愛されたい、認められたいという私の欲求は、私自身の育った環境や自分史における体験が影響している。自己覚知をしたにもかかわらず、同じ過ちを繰り返すのなら過去は癒されていないのではないかという問いもある。しか

し今と過去の違いは、過去においては自分の行動を支配している恐れや欲求が何かも分からず生きていたが、今はそれを知ることによってこのような欲求や恐れが出た時、それを認識し支配されないようにブレーキをかけることができるという点である。時には失敗をするが、ブレーキをかけられることによって、ナウエンが言うところの他者が自由に入り、自分の気持ちを話せる場を作ることができるのである[注14]。

　自分自身が他者の痛みに寄り添うことができない原因と向き合う勇気が、私たち牧師には求められている。他者との関係において、本当に相手の心に寄り添っているのか、聖書の言葉や祈りをこのタイミングで使おうと思うのはなぜか、自分の欲求が相手の欲求より勝っていないだろうか、なぜ自分はこのような行動をとったのか、ということを振り返る過程で、私たちは自分自身の内面に深く入り、他者と寄り添うために必要な自分自身の課題に気づくのである。そしてその作業はずっと自分の人生の中で繰り返して行われ成長し続けていくのである。

　牧会者にとって自分自身と向き合い、一人の人間として生きてきた自分史の中での出来事がどのように影響しているのかを深めていくことは、牧会のハウ・ツーを学ぶこと以上に大切なことである。しかしながらハーバウが言うように、神学教育課程の中で私たちはアカデミックな神学は学ぶが、他者との関係（interpersonal）における自己覚知（intrapersonal）や自分と他者との関係性の特徴などについて学ぶ機会が少ない[注15]。自己覚知、他者との関係作りについての具体的な訓練がもう少し必要なのではないだろうか。神学教育課程の中で自己覚知のトレーニングをしたから「いい人」になれるのではない。しかし自分自身の傾向を知ることにより、人との関係作りのために自分自身が発見したことを活かすことはできる。また、自分自身の成長に役立つ。「いい人」を目指すのではなく、自分自身の成長の旅として様々な訓練を継続的に受けていく中で、自分自身と仕事としての「牧師」が融合し、人と関わっていく方法を見出すことができるのではないだろうか。

第1部　論文

6　結　び

　私は、日本キリスト教団京都教区巡回教師としてエイズ問題とバザールカ
フェプロジェクトに15年間関わってきた。トム・ハーパー（Tom Harpur）は
『キリストのために』（*For Christ's Sake*、「お願いだから」の意味）の中で「生ける
水」の喩えを用いて現代のキリスト教について語っている[注16]。その喩えを
読んだ時、巡礼の旅の途中で喉の渇きを覚え生ける水を飲めずに教会の外
で倒れている人たちに対して、生ける水を分かち合っていく牧会を「教会」
の外でしていくことを決心した。しかし、毎日の忙しさの中で、文字通り
心が亡び、15年たった今気づいたことは、私自身が生ける水が必要な一
人である、ということであった。ナウエンは牧師は孤独だというのみでは
なく、牧師は積極的に孤独を選ぶべきだとも述べている[注17]。また、キリ
スト教の牧師の癒しの働きはホスピタリティー（もてなし）であるとも述
べている[注18]。そして彼のいうもてなしとは、ゲスト（客）に注意を払う
ことができる能力である。もしも私たち牧師が自分の心の中心に揺るがな
い場所があるなら、関わる人たちが自由に入ってこられる場所を自分の中
に作ることができ、そこで彼らは自身の痛みを話すことができるのである。
生ける水を自分の中に持たず、活動を続けるには限界がある。私たち牧師
自身が自分自身を見つめ、揺るがない場所を持ち続けることが大切なので
ある。そして「癒しの共同体」を形成していく牧師にとってもっとも大切
なことは、自分自身と向き合い、神との対話を通して自分を癒してくださ
る方にまず出会う経験を持って、人と関わる準備をすることである。

注

（1）Karen Lebacqz and Joseph D. Driskill, *Ethics and Spiritual Care: A Guide for
　　 Pastors and Spiritual Directors*, Abingdon Press, 2000, p.116.

（2）*Ibid.*, p.116.

（3） ナルコティックス・アノニマス（Narcotics Anonymous）の略。12 ス
　　 テップを用いた薬物依存者自助団体。

（4） Drug Addiction Rehabilitation Center の略。薬物依存者回復のための
　　 グループホーム。

（5） Henri J. M. Nouwen, *The Wounded Healer: Ministry in Contemporary Society*,
　　 Darton Longman and Tod Ltd, 2005, p.92.〔H. J. M. ナウエン『傷つい
　　 た癒し人──苦悩する現代社会と牧会者』西垣二一・岸本和世訳、日
　　 本キリスト教団出版局、1981 年〕

（6） *Ibid*., p.94.

（7） Gary L. Harbaugh, *Pastor as Person: Maintaining Personal Integrity in the
　　 Choices and Challenges of Ministry*, Augsburg Publishing House, 1984, p.9.

（8） *Ibid*., pp.13–35 を参照。

（9） ロバート・C・レスリー『イエスとロゴセラピー──キリスト教精神療
　　 法入門』萬代慎逸訳、ルガール社、1978 年（Robert C. Leslie, *Jesus and
　　 Logotherapy*, Abingdon Press, 1965）12 頁。

（10） 同上、15 頁。

（11） 同上、16 頁。

（12） 同上、20 頁。

（13） 同上、22 頁。

（14） Nouwen, *The Wounded Healer*, p.92.

（15） Harbaugh, *Pastor as Person*, pp.89–91 を参照。

（16） Tom Harpur, *For Christ's Sake*, McClelland & Stewart Inc, 1993, pp.1–3
　　 を参照。〔トム・ハーパー『いのちの水』中村吉基訳、望月麻生絵、榎
　　 本てる子解説、新教出版社、2017 年〕

（17） Nouwen, *The Wounded Healer*, pp.81–89.

（18） *Ibid*., pp.92–94.

第 1 部　論文

牧会カウンセリングの現場
における「聴く」ことと癒し

「病気を知る」「知識を持つ」ことから始まる牧会カウンセリング

　牧師をしていると、信者さんから色々なことを頼まれます。数年前のことですが、パーキンソン病の方が幻覚幻聴がひどく、罪意識にとりつかれ、家から出られないので、その人を訪問してほしいと頼まれたことがありました。依頼してこられた方は、私にその際、黒いガウンを着てその人のところに行ってほしいと言われました。私は不思議に思い、「なぜガウンを着ていかないといけないのですか」と尋ねると、「黒いガウンを着ていたら、何か権威がある人のように見え、その人が『罪を赦す』と言ったら、赦されるような気持ちになるので、とにかくガウンを着て訪問してほしい」と言うのです。

　私は疑問に思いつつも、ガウンを持って、その見知らぬ人を訪問しました。するとまずその人は、ガウンを着て突然現れた私を見て驚き、何をしに来たのかという表情で怯えておられました。私も何をお祈りしていいのか戸惑いながらも、とりあえず「罪は赦された」と言ってみました。しかし、その人はよけいに怯えてしまい、私もとても恥ずかしい思いをしなが

ら帰りました。

　あとで、パーキンソン病の薬の副作用で幻聴幻覚が出る人がほかにもいることを聞き、私のところに来るよりは病院で相談されることをその信者さんに伝えてあげたほうがよかったんじゃないかと思いました。訪問したり関わったりする人の病気について調べ、知識を持つこと、自分の役割を認識すること、自分の限界を知ることの大切さを学びました。私たちは、その人の病気のことを知らず、勝手な判断でアドバイスをしたり、慰めたり、理解したようなことを言ったりして、かえって悩んでいる人を苦しめてはいないでしょうか。

自分自身の内面を旅するワークショップ

　苦しみには、起こっていることをどのように理解するかが影響してしまうことがあります。ものの見方を変えることで、起こっていることを違うように認識するという心理療法などもあります。

　先の井出先生のお話[注1]をうかがいながら、フィリピン人のアーネスト・タンという人のワークショップを思い出しました。彼は、認知行動療法を自分なりにアレンジして、ものの見方を変えていくワークを紹介しています。

　彼のワークでは、自分自身の内面を旅しながら、自分自身の傷を癒していきます。そのワークの一つに、ディストーションというワークがあります。ディストーションというのは、歪んで曲がって見えるといった意味です。タンは、ある出来事があって、その出来事をどのように見てリアクション（反応）するかは、その人の持っている経験から学んだ信念や思い込み、価値観が影響すると考えます。

　ディストーションのワークは、その価値観や思い込みや信念が歪んでいたら、間違って物事を見てしまい、自分を結果的に苦しめることになるので、それを違うように見られるように変えていくトレーニングなのです。

第1部　論文

このトレーニングは一人でもできますが、信頼できる人と分かち合うことで、より明確に言語化し、意識化することもできます。そして自分の生き癖に気づいたり、出来事が曲がって見えてきた時に、自分自身を修正していくきっかけにもなります。ふだんから自分自身でトレーニングをしましょうというのがこのやり方なのです。

私のディストーション・ワーク

　では、どのようにするのか、説明したいと思います。

　私は、いつも自分の仕事を批判されたり、自分自身が評価の対象にされていると感じたりすると落ち込んでしまいます。たとえば、授業がうまくできず、思ったような反応を学生から得られなかったりした時、「やはりもう駄目だ」「自分には能力がない」と思い、落ち込みます。その時に、自分の心の中で起こっている気持ちって何だろうと考えました。そして、浮かんできた心の叫びは、「私は一生懸命したのに、なぜみんなは批判するの？　どうせ私は駄目な人間よ」「駄目な人間だから、嫌われるんだ」でした。そんな自分をイメージしたら、自分は小さくなって、学生は私より大きくなって批判をしている、こういう恐ろしい絵が見えるのです。

　次のステップは、なぜ、そのように物事を捉えてしまい、自分自身が苦しくなるのだろうと考えるのです。私は、自分の価値観、信念、思い込みって何なのだろうと考えました。私は、批判をいつも個人攻撃として捉えるため、批判されたり評価を受けたりする時は、自分を失格者のように思い、何の取り柄もないから愛されないという思い込みがあることに気づきました。しかし、その先にある価値観をもう一歩深めて考えた時、私は誰からも愛されたい、認められたいという価値観が自分を苦しめていることを発見するのです。

　次に、このような価値観を持っている自分が批判や評価に苦しむ時、どんな感情が起こってくるのかを考えます。私の場合、傷つく、憤慨する、

落ち込むという感情が浮かびます。その後、このような感情が出てきた場合、どのような態度になるのかを考えて言語化します。たとえば、「防衛的になる」「黙ってしまう」「引きこもる」「おどおどする」などです。

では、このような流れをどう変えていくのか、認識のディストーションを変えるためにどのようなステップが必要なのでしょうか。その秘訣は、違う価値観を持ち、見方を変えてみることだとタンは言っています。

ディストーションからの解放への四つのステップ

ステップ1　違う見方を考えてみる

最初のステップとして、たとえば「批判は人々の考えだから、一つ一つを個人的批判として受け止めすぎなくてもよいのでは」とか、「みんなから愛されることはあり得ないし、自分も好き嫌いがあるのだから、嫌われることもあるよ」といったメッセージを自分に向けて話しかけて、違う見方があることを認識します。

ステップ2　モデルを探す

次に、自分がこうなりたいと思っていることを実際に行っている人（ロールモデル）を探します。私にもモデルになる友人がいます。彼女は、「私は素晴らしい」と思っていて、自信にあふれ、とても魅力的です。批判されたりしても、その批判に動揺することはありません。私が落ち込んで相談すると、「そんな弱気でいるから、批判されるんだよ。批判を自分で引き寄せてるんだよ」と言います。私はその人を見た時に、「ああ、この人みたいになりたい」と思って、時々その人を思い浮かべるのです。そういうモデルを探すことで、具体的にどうあればいいのか、イメージができるわけです。

第1部　論文

ステップ3　進歩するためには小さなステップの積み重ねが大事

　モデルのイメージに近づくために、小さい目標を立てて、一歩ずつあせらずに取り組むことが大切です。大きな目標を立ててしまうと、結局できなかったという感覚しか残らなかったり、失敗することでよけいに自己評価が下がったり、自信をなくしてしまったりします。私の場合、大きな目標は、「私はありのままの自分で素晴らしい」と思えることですが、なかなかそのような思いになれません。だから、「評価する人もいるし、しない人もいる。だからといって、自分が駄目な人間ではない。自分が一人ひとりに誠実に向き合っていこう」という目標を持って日々を歩もうと思っています。これもまだまだ難しいですが、失敗しても自分自身が駄目人間ではなく、できない自分もあるよと自分を許し、優しくなることも大切な心構えだと思っています。

ステップ4　祈る

　最後のステップで、カトリック信者のタンは、祈るということを挙げています。それはすべてを神さまにゆだねることです。神さまが、人や音楽や聖書やさまざまな方法を通して、私たちに自己解放の機会を与えてくださること、癒される機会を与えてくださることを信じ、ゆだね、祈ることが大切だと述べています。

　このようなワークを用いて、ふだんから自分自身の内面に触れ、内面にあることを言語化していくことで、無意識のレベルで自分を苦しめていたものが意識化され、課題についてイメージを持って変化を起こしていく機会になるのではないでしょうか。

出来上がってしまった自己概念からオルタナティブな自己概念への選び

　私たちは色々な自己概念で自分を見ます。その自己概念や価値観を通して、社会を見たり、他人を見たり、世界を見たりします。それをスティグ

マ（烙印）と呼び、二つのスティグマがあります。一つは社会の中にあるスティグマ、そしてもう一つは、そのスティグマをそのまま自分の価値観として持って自分自身を見てしまうスティグマです。それをフェルト・スティグマ（felt stigma）と呼んでいます。そのフェルト・スティグマと社会的スティグマをどうやって変えていけるかを共に考えていくことが、牧会カウンセラーの役割の一つでもあります。

　ここで再びタンの自己概念の理解を少し紹介し、オルタナティブな自己概念を形成していくために必要なことを考えたいと思います。タンは、私たちは自己を見る時、おもに三つの部分で見ていると言います。

自己イメージ

　私たちの多くは、世間の価値観などで自分自身を見て、自己イメージを作り上げます。これにはメディアの影響も大きいです。容姿とか社会的地位、勝ち組、負け組。たとえば、太った人は駄目だとかです。「太っている人は魅力がない、駄目だ、格好が悪い」と思っていたら、そういう目で自分を見てしまい、落ち込んでいきます。世間のマイナスの価値観に自分が当てはまる時、私たちは苦しみます。たとえば、太っていることで自分のすべてを否定してしまったりします。そういう状態から解放されるにはどうしたらいいのでしょうか。やせることでしょうか。健康のために、そうすることを選ぶことも大切だと思います。しかし、人を外見だけで判断するのではなく、一人ひとりが人間として価値ある存在であるということを尊重し合える環境をコミュニティーの中で作っていくことも、オルタナティブな自分を見いだすきっかけとなるのではないでしょうか。新しい価値観のあふれる場を創造していくことも、牧会者の大きな役割の一つだと思います。

自分に対する自信

　自分に対する自信は、能力と関係してきます。そして、この自分に対す

る自信は、教育課程の中で傷ついてしまうことが多いと言われています。学校のレベルが高い低いとか、成功しなければならないプレッシャーとか、成果主義とか、失敗してはならないというプレッシャーが私たちを苦しめます。でも、このような社会の中で、「すべての人に可能性がある」と信じ、その可能性を一緒に見つめて、一人ひとりの中にある宝を見いだしていく心が大切なのではないでしょうか。

　自分自身に対する自信を獲得するためには、自分ひとりの努力だけではなく、その人を取り巻く社会の価値観も変わらなければなりません。

　アメリカで臨床牧会訓練（Clinical Pastoral Education）のスーパーバイザーをしているチャールズ・トッパー氏は著書『牧会カウンセリングと援助職におけるスピリチュアリティー』^(注2)の中で、「一般的にスピリチュアル・ケアを語る時、個人の魂のケアに焦点が置かれやすく、社会正義に関わることへの視点が欠けている」と述べています。彼は、社会正義とスピリチュアリティーは切っても切り離せない関係であると言っています。社会正義に関わるということは、その人の苦悩を作っているその環境を変えていく運動に参加するということなのです。運動を起こし、参加することも、牧会者の役割の一つです。

自己評価

　自己概念ができる過程の最後に、自己評価があります。私たちは、さまざまな条件や価値観で自分を見て、自分を評価します。また、社会からそのような評価をされているという思いで苦しみます。その苦しみからの解放に大切なことは、ありのままの自分を受け入れ、相手も受け入れる、そういうコミュニティーを作っていくことだとタンは言っています。

　教会は地域の中に存在します。その地域の中で、人を苦しめている社会の価値観とは違う新しい価値観を創造し、新しいコミュニティーを形成することが、私たちに課せられている役割です。

　以上が、癒しの共同体を作っていくことの大切さと、牧会者の役割につ

いて考えたことです。

「聴く」ことは難しい

次に、「聴く」ことの難しさについて一緒に考えたいと思います。

私はカナダで臨床牧会訓練を1年あまり受けました。その訓練の中で、「よく聴けた」と感じたことはめったにありませんでした。「なぜあなたは聴けなかったのか」と問われ、聴けなかった自分ばかりが責められているようで、自分は「できない人間だ」と思いながら研修を受けていました。1年経って、このトレーニングは、なぜ聴けないのか、「聞いて」いても「聴いて」いないのか、その「聴けない」自分がどこから来て、「聴ける」ためにどう自分が成長すべきなのかを考える場所なのだということが分かったのです。

「聴く」とは、漢字が表しているように、耳、心、目、つまり全身全霊をもって、相手の発する言葉のみではなく、言葉になっていない思いなどを含めた叫びを聴くという意味です。「聞く」ことができても、なかなか「聴く」ことは難しいのです。「聴けていない」自分を受け入れることからしか、「聴く」ことは始まらないのではないかとも思いました。カナダ時代のスーパーバイザーの一人であった正木義道先生から教えてもらったもので、「あ～はっ！」（"AH ～ HA!"）という神学があります。この「あ～はっ！」を用いて、さらに牧会カウンセリングについて考えたいと思います。

「あ～はっ！」と牧会カウンセリング

これ（次頁の図）は、人が悩みに陥り、その悩みから解放されるプロセスをよく表しています。人が悩んでいる時、「あ～」とどんどん下に下がっていきます。そして、何か分かったら、「はっ！」となってどんどん

43

上がっていきます。私たち牧会カウンセラーは、その「あ〜」と悩んでいる人に寄り添って歩いていきます。

しかし、いちばんどん底は、十字架のイエスに出会う場所なのです。そこは、その人が一人で立つところです。私たちの役割は、そこまで人に寄り添っていくことです。そして、その人が十字架のイエスと出会い、「はっ！」と何かに気づき、自分自身で立ち上がり、喜んでど

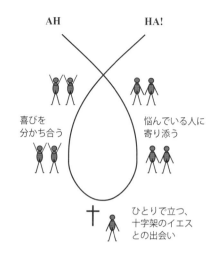

ん底から出て行く時、再び一緒に喜びを分かち合いながら出て行くのです。このプロセスが牧会カウンセリングだということを学びました。

ところが私たちは、「あ〜」と悩んでいる人を見ると、すぐに「祈りましょう」と言ったり、聖書の言葉を用いてアドバイスをしたりします。そんな時、私たちはその人の思いを十分に聴かずに、無理矢理苦しみから出させようとしたり、その人の悩みを無視してしまったりしていることが多いのです。

ヨブの場合も、友人たちは、ヨブが財産や子どもを失い、彼自身も病気にかかっていることを聞いて、援助しようとして来るわけです。友人たちは、まずヨブの罪を責めます。つまり、罪がこのような災いを招いたのだから悔い改めなさいというわけです。その時にヨブが、「あなたたちはみな、慰めるふりをして苦しめる」と言ってます。それと同時に、「どうかわたしの言葉を聴いてくれ」「聴いてもらうことがわたしの慰めなのだ」とも言っています。

本当に聴くということこそが慰めや癒しの始まりなのですが、私たちは

さまざまな理由でなかなかそれができないのではないでしょうか。聴けない自分の側の問題を考えていくことが、聴く仕事に就く前には大切なことだと思います。

バイステックの「ケースワークの七原則」と「聴く」ことについて

ⅰ　クライエントを個人として捉える、個別化

次に、『ケースワークの原則』^(注3)という本を用いて、「聴く」ということについて考えていきたいと思います。これはフェリックス・P・バイステックというカトリックの司祭で社会福祉に関わってきた人が書いた本です。この本は、ソーシャルワーカーの人たちのバイブルとも言えます。

ある女子高校の礼拝説教に行った時のことです。礼拝後、一人の生徒が話に来ました。その生徒のお父さんが癌で亡くなるから、「先生、ちょっと話に来て」と言ったのです。死を前にした人だから、手を握り、寄り添って、話を聴こうと、いろいろと心の準備をして行きました。

しかし、いざ話を聴こうと思ったら、その人は喉を切開していて話ができないのです。すると、横にいたお連れ合いが私に、「先生、死後の世界を主人が知りたいと言うのです」と言われました。私は動揺して、「死後の世界はキリスト教では、復活があると思うのですけど、私は見たことがないんで」とか、わけの分からないことを言ってしまいました。すると彼は、「この人、何言ってるの。ちっとも自分の気持ちを分かっていない」というあきらめに近い目で私を見つめました。私は気まずい感じで話を終え、不完全燃焼のままとぼとぼと後悔しながら帰りました。

その人が亡くなられたあと、本が出ました。その本の中で彼は、「自分は子どもと妻を残して死んでいく。色々な不安があるけど、すべてのことを御仏にゆだねて自分は死んでいく」と書いていたのです。それを読んだ時に、「ああ、この人は私に、『死後の世界はこうだ』と言ってほしかったのではない。死んだ後、自分の妻、子どものことがどうなるのかとっても

45

心配なんですと訴えたかったんだ。それを私自身は、死んでいく人は死後の世界に興味があるのだとか、『死んでいく人』という分類でひとまとめに考えたり、理論に頼ったりして、その人個人の状況、その人個人の痛みというものを聴こうとしていなかったのだ」と気づいたのです。

　個人は色々な状況の中に生きています。色々な背景があります。だから、一般化された援助方法にとらわれるのではなく、もっと自由に、その人がどういう状況の中に生きているのか、その人の苦しみは何なのかを考え、一人の人と出会うということが、バイステックが言う「聴く」ために必要なことなのではないでしょうか。

ii　クライエントの感情表現を大切にする

　オープンに話せる環境を作る。これはすごく大切なことですが、なかなかできないものなのです。私は、信仰という名でこれができなかったことがあります。

　父親が14歳で死んだ時に、ある人が私の手を握りながら、「これも神さまのみこころです」と言われたのです。「えー」とか思って、私の中では色々な心の叫びがあるけれども、「神さまのみこころです」ということで、ひとまとめにされてしまってから約15年間、私は悲しみという感情を閉じ込めてしまいました。その土の中に埋めてしまった感情と取り組むのは15年後で、いかにそのことが自分の人生に影響したかを理解するのに時間がかかりました。

　私たちは、オープンに何でも話してもいいと思える雰囲気を持っているのだろうか。そういうものを醸し出しているのだろうか。そういうものを自分の中で吟味していかなければなりません。そして、もしそれができない場合は、なぜそうなっているのか、自分の側にある理由を探していくことが大切だと思います。自分の苦手な感情にどのようなものがあり、その感情が自分の中に出たり、人から向けられた時、どのように反応するのか、どうしてそうなるのかを考えるワークも、カウンセラーのトレーニングの

演習などにあります。

iii 援助者は自分の感情を自覚して吟味する

　先述のように、自分はなぜ聴けないのか、なぜこのタイミングで神を出してしまうのだろう、なぜこのタイミングで祈ってしまうのだろう、ということを一人ひとりが自分の中で考えていくことが大切だと思います。

　たとえば、精神科に入院しているうつ病の信者さんを訪問した時、私は、自分では意識していなかった思いをその人から指摘されて気づきました。その方との話が弾まなくなったので、「もうお疲れのことですから祈って帰ります」と言ってしまったのです。するとその人は、「まだ祈らなくていい」と言われました。それは、「もっと一緒にいてください。まだ帰らないで」ということだったのです。

　私たちは「祈りましょう」ということを、訪問の最後で必ず言います。そして、祈って帰ります。「祈りましょう」と言った私の心には、「もう私は疲れたので、帰りたい」という思いがあったのです。それはどういうことかと言うと、「私はあなたを救えない苦しさがあります。あなたを見ているのがつらいのです」という私の問題なのです。だから、「疲れたので帰りたいのです」というメッセージを知らず知らずの間に送っていました。それは私の問題であって、彼女はもっと、別に黙ったままでもいいから一緒にいてほしかったのです。

　また私は、カナダの臨床牧会訓練の中で、色々な問題に気づかせてもらいました。SICU という手術が終わった人のための集中治療室があります。そこに管だらけの人がいたのです。「その人を訪問しなさい」と言われ、訪問しました。管だらけで、もう死ぬのだろうと思って、何をお祈りしたらいいのだろうと思ってしまったのです。それは私自身が、自分の父親のことを神さまにお祈りしたけど結局死んでしまったという未解決の問題があったため、自分の心の中で「どうせ祈っても」という思いがあり、祈る言葉が浮かばず、言葉を失ったままただ立っていました。当然、ご家族に

第1部　論文

怒られました。「あなたは何をしに来たんだ」と。「牧師でしょう！　祈り
なさい」と言われたのです。でも、祈れない自分があったわけです。祈れ
ない自分に気づいた時、初めて自分自身が避けてきた自分の問題と向かい
合い、自分もカウンセリングを受け、課題と取り組むことができました。
　みなさんも、やはり一人ひとり考えることが大切です。なぜ自分の心が
ブロックしてしまうのか、この人と一緒に寄り添っていけないのか。また、
なぜこの人を一人で立たせずに、「あ～はっ！」のどん底まで一緒にずる
ずる行ってしまうのか。私たち自身が、自分の側のモチベーションを吟味
していくことが、聴くということのためにすごく必要なのではないかと思
います。

iv　受け止める、受容する

　井出先生が、受容とはありのままの人を受け止めることだとおっしゃい
ましたが、まさにバイステックも同じようなことを言っています。クライ
エントを受け止めるという態度、行動は、ケースワーカーがクライエント
の人間としての尊厳と価値を尊重しながら、その人の健康と弱さ、また好
感を持てる態度、持てない態度、肯定的感情、否定的感情、すべてをあり
のまま受け止めていく、それが受容なんだと言っているのです。この態度
がすごく大切だと思うのです。これはなかなかできません。牧会カウンセ
ラーや援助者は、まずありのままの自分を受け入れられるのかということ
を考え、自分自身の感情を吟味し、自分自身と向き合い、自分自身を癒す
ことにも力を注ぐことが大切であると思います。

v　クライエントを一方的に非難しない

　私は今、エイズのカウンセラーも同時にさせていただいています。エイ
ズのことに関わっていると、色々な人に出会います。エイズが分かって、
自分の行動を後悔したり、また同性愛の人たちは自分自身の同性愛に対す
る罪悪感で悩んだりされます。

牧会カウンセリングの現場における「聴く」ことと癒し

　ある人は、エイズが分かり、苦しみのどん底で牧師に救いを求めましたが、「同性愛者であることが罪なので、それを悔い改めなさい」と言われ、たいへん傷ついたことを話されました。自分で自分を裁いて苦しんでいる上に、宗教者から裁かれる。本当にその人の苦悩というものが何も聴けていない。そして、自分たちの持っている価値観で一方的に裁いてしまう。このようなことを多かれ少なかれ私たちはしていないでしょうか。やはり私たちが持っている価値観や倫理観が、どれだけ人の話を聴けなくしているのかを吟味することが大切です。

　クライエントが非難されず、ありのままの自分を語った時に、癒しが起こります。ほかの病院から来た人ですが、病院に来た時に、ベッドの上に聖書を置いておられました。その方は前の病院で、この病気が分かった時に、チャプレンに悩みを話したそうです。同性愛者であることで自分が苦しんできたことを言ったそうです。その時に、「こんな自分をも神さまは愛してくれるのですか」と尋ねると、そのチャプレンが、「神さまは一人ひとりを大切に造られました。神さまは男も女も、男の人を愛する人も、女の人を愛する人も、すべての人を大切に造られました」と答えたそうです。その時、救われたという思いになり、彼の人生は180度変わったわけです。

　自分自身の価値観が対人援助の場でどのように影響するのかについて見つめる機会を、現場に出る前に持つことも大切なことだと思います。具体的な課題、たとえば性に関わる価値観、同性愛、薬物問題、虐待、DV などについての自分自身の価値観を見つめ、それがどのように影響するのかを、神学教育の課程の中で深めていくことも大切だと思います。

vi　クライエントの自己決定を尊重する

　よく私たちは、「私についてきなさい」とか「私の言うようにしなさい」とか言ったり、態度で示したりしてしまいます。しかし、私たちにとって大切なことは、クライエント自身が自分の人生を自分で決めていけるとい

第1部　論文

うことを感じられる援助をすることです。私たちができることは、状況を
整理し、選択肢を一緒に考えることなのです。選択する力があることを感
じてもらう支援方法を考えることで、クライエントの「自分で生きていけ
る力」を引き出していく（empowerment）ということも、「聴く」ことの
一つだと思います。

　なぜ「私の言うとおりにしなさい」ということを無意識に言っているの
か、何を求めているのか、自分の行動や言葉の背景を知ることで、自分の
問題と向き合うことができるようになると思います。メサイア・コンプ
レックスの問題、他者を通して自己存在の価値を見いだそうとしてしま
う傾向など、自分の中にある色々な問題が見えてきた時、自分の問題とも
向き合うことができるのです。そして、自分の問題を解決するために、関
わっている人に依存しなくてすむようになれるのです。

vii　秘密保持（守秘義務）

　ある人が就職試験があって、牧師のところに相談に行かれました。推
薦状を書いてもらわないといけないので、書いてもらいました。その後
まだ就職試験の結果が分かっていない段階でその先生のところに行った
ら、「みんなに祈ってもらいました」と言われたのです。「みんなに祈って
もらった？　落ちていたらどうするの」と思い、「私は先生には言ったけ
れども、みんなに祈ってほしいとは言っていなかったし、もし祈ってくれ
るのだったら、みんなにも話していいですかと私に聞いてほしかった」と
言ったそうです。

　私たちは祈りの共同体の素晴らしさも知っているし、また、みんなで祈
るということをしたいですけれども、本人が何を望んでいるのか、本人が
誰に言いたいのかを聞かずに、よかれと思って個人情報をみんなに教えて
しまうことがあります。そして信頼をなくしたり、ここでは自分の話はで
きないという思いを抱かせ、牧会の現場が「聴く」場所でなくなってしま
う場合があります。神学教育の中で、守秘義務についての具体的なディス

カッションをこれからはしていきたいと思っています。安心して話せる環境を作ることも、「聴く」ためには大切なことなのです。

　以上、バイステックを参考に、牧会者が「聴けるようになる」ために必要なことを私なりに考えてみました。「聴けない」自分をまず認識し、「聴ける」ようになるために、自分自身の内面の旅を一緒に始めたいと思います。

エンパシー（共感）、コンパッション（憐れみ）とシンパシー（同情）の違い

　カウンセリング用語で感情移入をエンパシー（empathy）と言います。キリスト教では、「憐れみ」を表すのにコンパッション（compassion）という言葉が使われます。「憐れみ」と類似した言葉で、「同情」を意味するシンパシー（sympathy）という言葉もあります。

　コンパッションとエンパシーという言葉はよく似ています。コンパッションは、ラテン語の pati と cum という言葉が語源で、意味は「〜と共に苦しむ」という意味です。カウンセリング用語としてのエンパシーもコンパッションも、共通点は、自分と他者との間に境界線（boundary）があることです。自分の痛みは自分の痛み、そして痛みを持った自分が、関わっている人の痛みを客観的に聴き、理解しようとする姿勢が、この二つの言葉の共通点です。

　自分の痛みが大きすぎたり、未解決のままの感情に無意識に引きずられている牧師は、他者の痛みを聴けなくなったり、気づかなかったりします。また、自分の思いが無意識に先行してしまうと、自分の問題を解決するために相談者を利用してしまったりすることがあります。

　ヘンリー・ナウエンは、牧師は孤独だというのみではなく、積極的に孤独を選ぶべきだとも述べています。また、キリスト教の牧師の癒しの働きはホスピタリティー（もてなし）であるとも述べています。そして、彼の言うもてなしとは、ゲスト（客）に注意を払うことができる能力です。も

51

しも牧師が、自分の心の中に揺るがない場所を持っているなら、関わる人たちが自由に入ってこられる場所を自分の中に作ることができ、そこで彼らは自身の痛みを話すことができるとも述べています。牧師にとって、自分自身を見つめ、揺るがない場所を持つことは大切なことなのです。そして「癒しの共同体」を形成していく牧師にとって大切なことは、自分自身と向き合い、神との対話を通して自分を癒してくださる方にまず出会う経験を持つ、すなわち「あ〜はっ！」を自らが体験し、人と関わっていく準備をすることです。

　「同情」という訳を持つシンパシーは、自分の経験と他者の経験との境界線が崩れるほど相手の中に入っていってしまったり、自分の思いが相手の思いを越えるような状況を作ってしまうことを意味します。対人援助の現場では、「同情はいらないけど、自分の気持ちを受け止めてほしい」という言葉をよく聴きます。自分の思いが強すぎて、相手と自分の境界線を越えてしまうことは、実際に対人援助の場ではよく起こります。そのことを認識しておく必要があるのです。

最後に

　私の義兄は癌で 33 歳の時に死んだのですが、亡くなる前に書いた文章があります。「牧師先生は、平安を与えてあげてください、痛みを取り除いてくださいとは祈ってくれるけれども、治してくださいとは祈ってくれなかった。僕は、治してくださいと祈ってほしかった」と書いてあったのです。

　私たちは、自分の価値観や現実の厳しさから判断して、不可能だと思ったら、そういう祈りができなかったり、本当にこの人が何を望んでいるのか、本当にこの人は何をもって癒されると思っているのかということを聴かずに、祈ったり聖書を読んだりしてしまいます。聖書を読んだり、祈ったり、信仰の話をすることを否定しているのではありません。どのような

段階で、どのような叫びを私たちが聴き、痛みに一緒に留まり、相手の思いに心を合わせてその人の叫びを神に差し出すかが問題なのです。牧会カウンセリングに大切なことは、「あ〜はっ！」のように、どうやって下まで一緒に寄り添い、真っ暗闇の中で出会う十字架のイエス・キリストにその人を引き渡してあげられるかということなのだと思います。

　牧会カウンセリングの勉強をするということは、人の話が聴けない自分はどこから来ているのだろう、本当に聴けているのだろうか、聴けていないのだったら、なぜ聴けないんだろうということを考える内面の旅を繰り返しながら、自分自身も成長し、そして同時に人の心に寄り添っていくトレーニングをすることだと思います。「聴ける」自分になるために、自分と向き合っていく勇気を持ちたいと思います。

注

（1）『癒しの神学——第 43 回神学セミナー「心の病の理解と受容」』（関西学院大学神学部ブックレット 2）キリスト新聞社、2009 年参照。

（2）Charles Topper, *Spirituality in Pastoral Counseling and the Community Helping Professions*, Routledge, 2003.

（3）フェリックス・P・バイステック『ケースワークの原則——援助関係を形成する技法』尾崎新・福田俊子・原田和幸訳、誠信書房、2006 年。

第 1 部　論文

HIVカウンセリングの現場から

「スティグマ」からの解放を目指して

ピーターの物語と私の物語

　1993 年、アフリカのナミビアで開催されたユース向けの国際エイズ会議[注1] に出席した。そこでオーストラリアから来たピーターと出会い、彼の証を聞いた。カトリックの学校で働いていた彼は HIV に感染したこと、同性愛者であることを誰にも言えず、長い間暗闇の中で生きてきた。彼は自分自身が同性愛者であることを受け入れられなかったため、それを忘れさせてくれるもの（セックスや薬物）には何でも手をつけてきた。その自分を受け止め、新しく生きていくことができるようになったのは、イエスと出会ったからだという。彼は、十字架上で「わが神、わが神、どうして私をお見捨てになるのですか？」と叫んだイエスの声が聞こえ、この自分の苦しみをわかってくださる方に出会い、もう一度生きていく決心ができたそうだ。彼には今、HIV 陽性ではない恋人がおり、自分自身が HIV であることも含め、理解し合える関係性の中で生きているという。セックスだけの関係ではなく、自分の全体を分かち合える喜びをピーターは語っていた。22 年経っても昨日のことのように思い出せるほど、彼の

54

話は私にとって衝撃的であった。1週間いろいろな話をした後「てる子、自分自身を愛することはとっても大切だよ」と言ってくれたことも忘れられない。「自分自身を愛する」そして「自分を人と分かち合う」ことの大切さを、HIVカウンセリングの現場でも感じる。

21世紀以降、ゲイ・レズビアンにおけるスピリチュアリティとは、人間らしく、その人らしく生きられることだ、とする考え方が出てきた。

> ゲイ／レズビアンたちの初期のスピリチュアリティの表現は、己の信仰を窒息させながら秘密を隠して生きるつらさが中心であった。やがて、自分に正直であることに伴う障害を乗り越えて自由で自分らしい新たな人生に向かう旅が中心となっていった。その旅は、「あなたがたを自由にする」と約束されている真理を指している。この神と自己と他者との偽りのなさが、スピリチュアルな諸々の徳（愛、共感、真理、寛容、赦し、忍耐、勇気）を養う土台を形成する。神と自己と他者との正しい関係において生きるためにはそれらが必要なのである[注2]。

息を殺しながら生きてきた人たちが、「自分らしい新しい人生」を獲得する過程をそばで聴かせてもらいながら、自分自身も息を殺しながら生きていた自分から「自分らしい新しい人生」を獲得する旅をしてきたのが、私の物語でもある。自分のセクシュアリティについて人に話すことを「カミング・アウト・オブ・ザ・クローゼット」（coming out of the closet, クローゼットから出ていく）と言う。言えないことを抱えて抑圧された世界に生き、その抑圧に耐えきれなくなりどうにか解放されたいと思う人は、自らのセクシュアリティを明らかにできずに苦しんでいる人だけではない。そしてセクシュアリティに限らず、ずっと隠していたことを人に話すのは、誰でも勇気のいることである。

生と性を考えることは、他人事ではない。人の話を聴きながら自分自身の生き方、あり方を問う作業が大切なのではないだろうか。ピーターの解

第 1 部　論文

放の物語、どんな自分をも受け止めてくださるピーターの出会った神（聖
書における救済史）、そしてその話の中に自分自身の物語、特に自分自身を
愛することができなかった歴史を隠しながら生きてきた私の物語が重なり
合ったからこそ、20 年も前の話が心に残り、「自分らしい新しい人生」を
獲得する旅を続ける原点になっているように思う。

　25 年間、たくさんの HIV 陽性者の物語を聴かせていただいた中で私が
学んだ、スティグマ（烙印）が人にどのような影響を及ぼすのか、そして
スティグマからの解放がどこからおこるのか、について考察していきたい。

自己概念が作られるプロセス

　自死念慮の強いある男性（同性愛者で HIV 陽性）と話していた時、彼が
「自分は自殺したいんじゃない。自分みたいな者は、処刑よ。自分はずっ
と死のパスポートを片手に持って生きてきた」と言いながら、首を切る仕
草をした。自殺ではなく、自分を「処刑」する。そこまで言わなければな
らないほど自らのセクシュアリティを裁き、いつも死のパスポートを片手
に持って生きてきた彼の人生はどのようなものだったのだろうか。彼が自
らを「処刑」するとまで言わざるをえない状況はどうしてつくられたのだ
ろうか？

　カトリック教徒で、フィリピン人心理学者であるアーネスト・タンは自
己概念が作られるには三つの要素があると述べている。

　　①自己イメージとは、様々な「世間」の価値観や要素によって、なに
　　　がよいか悪いかというイメージができ、それに照らし合わせて自分
　　　を見ること。
　　②自信（self-confidence）とは、教育課程での評価によってその人の価
　　　値が規定され、自らもそれに照らし合わせて自分を見ること。
　　③自尊心（self-esteem）とは、価値ある一人として自分自身を受け入

れる気持ちで、人や自分自身を愛し、愛されていると感じること。一方でそれは、拒絶されたり、見捨てられたり、裏切られたり、条件付きで愛される経験をすることにより影響を受ける[注3]。

　自分という存在をどう捉えるかには、絶えず社会の価値観とそれに影響を受けた自分自身の「見方」の両方が影響している。

　あるHIV陽性者は告知後のカウンセリングの際、「今まで自分が持っていたエイズに対する偏見で自分を見てしまう、それが辛い」と話した。この言葉は、まさに自身が影響を受けている社会のスティグマによって自分を見る、すなわち社会にあるスティグマと内在化したスティグマ（felt stigma）という二重のスティグマに苦しむ姿を表現しているのではないだろうか。スティグマからの解放を考えていく際、社会にあるスティグマを変えるだけでは解決しない。社会が変わると同時に自分の中に内在化したスティグマから解放されなければならないが、これは大変難しいことである。

　牧会カウンセリングでは、「メタノイア」の体験が重視される。メタノイアは日本語訳聖書では「悔い改め」と訳されているギリシャ語だが、「メタ」は英語でafter（〜の後で）であり、「ノイア」は「ヌース」から派生した語で「マインド」である[注4]。すなわち、メタノイアとは、「視点を変える」「考えを変える」ことである。視点を変えるには、今まで持っていた自分の価値観を手放す必要がある。社会が変わり、神が自分を「よし」としてくださったとしても、自分自身が自分を許せなかったり、自分を苦しめている価値観を手放すことができない呻きがある。

　この呻きを前にして、私は映画『アナと雪の女王』の歌 "Let it go" を思い出す。「とまどい傷つき／誰にも打ち明けずに悩んでた／それももうやめよう／ありのままの姿を見せるのよ／ありのままの自分になるの／なにも怖くない」[注5]。"Let it go" は「ありのままに」と訳されているが、本来の意味は、「手放す」「諦める」である。人間は、囚われを「手放す」こ

第 1 部　論文

とができた時、ありのままの自分を体験し、自由になるのではないだろう
か。メタノイアを体験するためには、手放す勇気が必要なのである。しか
し、「手放す」ことが困難になるほどの影響を与える社会の価値観は、ど
のように生まれるのだろうか。

社会で烙印が押されるまでの五つの段階

　タンザニアの神学者エリア・シャバニ・ムリゴは、あるグループに烙印
が押されるまでには五つの段階があるとし、社会学者のブルース・G・リ
ンクと疫学者のジョー・C・フェランが提唱する5段階のプロセスを紹介
している[注6]。
　第1段階では、社会で力を持つ主流の人たちの価値観によって、グルー
プが分類され（categorization）、レッテルがはられる（labeling）。第2段階
では、分類した人たちの一部に否定的なステレオタイプが当てはめられる。
社会が作り上げるステレオタイプは能力、特徴、行動などを基準としてお
り、価値が低いと評価された人たちは他の人たちとは違う存在とみなされ
る。第3段階では、「私たち」と「あの人たち」という違いが強調される
ようになり、烙印を押す側の人たちは、「他者」とみなした人たちをゲイ、
レズビアン、統合失調症などと呼ぶようになる。第4段階では、烙印を押
された人が、その烙印により社会的地位を失ったり差別されていると感じ
る。その差別は個人的レベルでも社会のシステムとしても現れる。そして
第5段階では、烙印を押された人たちが社会的、経済的、宗教的あるいは
政治的な力によって実際に差別される経験をする。では、同性愛者に対し
てのスティグマはいったいどのようにして形成されてきたのであろうか？

同性愛と「病気」

　世界では現在およそ76カ国において、差別的な法律により個人の同意

に基づく同性愛行為が犯罪と定められ、個人が逮捕や迫害、投獄され、さらに少なくとも 5 カ国では死刑判決さえ受けかねない状況に置かれている[注7]。また、最近アフリカでは同性愛に対する様々な差別が強まってきている。アパルトヘイト廃止以降の南アフリカは、アフリカにおいて同性愛を犯罪とせず、性的指向によって差別しないことを法律で保証している数少ない国の一つであるにもかかわらず、レズビアンに対する「コレクティブ・レイプ」（corrective rape, 矯正させるためのレイプ）と呼ばれる暴力が頻発している[注8]。

19 世紀末、医学者、心理学者、生物学者、生理学者は、同性愛を「異常」「変態」「倒錯」とし、治療・研究の対象としていた[注9]。そのため、電気ショック療法などでの「治療」が行われていた。同性愛は病気で治療が必要であるという考え方は、アメリカでは 1973 年、精神医学会が「精神障害診断基準」（DSM-II）第 7 版から「同性愛」を削除するまで存在した。また日本でも、1995 年に日本精神神経学会が WHO の「同性愛はいかなる意味でも治療の対象とはならない」との規定（「国際疾病分類」改訂第 10 版、1993 年）を尊重する見解を出すまで、同性愛は「病気」と考えられていた。つまりほんの 20 年前まで、日本では同性愛は治療の対象であったのだ。

私が関わった人の中にも、同性愛を「治療」するために 10 代の前半に電気ショック療法を受けた体験を持つ人たちが数名いる。狭い個室にビデオとテレビが置かれていて、寝椅子に裸で横になり、男性器に電極をつけたリングを装着し、ビデオに映し出された男性同士のポルノを見て、男性器が反応すると電気が流れる仕組みとなっている。この治療を受けた人は、当時自分を「異常性愛者」だと認識していたので、この治療を受けることで人間になれると思った、という。このように自分自身を「異常」「病気」と思ってきた人たちは、30 代以上の同性愛者の間には多く存在し、自分自身を窒息させながら秘密を隠して生きる辛さを経験してきた。

医学の世界での長い間の偏見に対して、一方で性的マイノリティの人た

第 1 部　論文

ち自身が 1960 年代から 70 年代中盤にかけて主に北アメリカを中心に解
放運動をしてきた歴史もある。解放運動を通して、性的マイノリティは社
会で見えない存在から見える存在になり、社会における見方も変化してき
ている。しかし社会は変わりつつあるにもかかわらず、今も生きづらさを
抱えている性的マイノリティは少なくない。

　宝塚大学の日高庸晴は、性的マイノリティの自殺率に対する諸調査を行
い、同性愛者や両性愛者の男性の自殺未遂率は、そうでない男性に比べて
6 倍も高く[注10]、同性愛や両性愛の男性の 65％は自殺を考えたことがあり、
15％は自殺未遂経験者であると述べている[注11]。

　また、性同一性障がいの総合的診療を行っている国立大学法人岡山大学
病院「ジェンダークリニック」によれば、開設から 2009 年までの受診者
の自傷・自殺未遂割合は全症例中 28.4％であり、男性から女性への MTF
（心は女性、身体は男性）では 31.4％、女性から男性への FTM（心は男性、
身体は女性）では 26.6％と報告されている。また全症例中、自死念慮を持
つ人の割合は 58.6％、男性から女性への MTF では 63.2％、女性から男性
への FTM では 55.9％と報告されている[注12]。

　このような、社会的スティグマと内在化されたスティグマの両方からの
解放は、いかにして可能なのだろうか。

「共に生きる」共同体へ

　私は 2013 年、大学の特別研究期間に、HIV 陽性で同性愛者であり、ま
た薬物依存症からの回復に取り組んでいる人たち約 5 名と共に 1 年間グ
ループ作りを行ってきた。その中で、マインドマップなどを用い、自分た
ちが何を望んでいるのかについて話し合った。そこでは「居場所」の定義
として、人格的な出会いができる場、一人で抱えてきたことを話すことが
できる場、そしてきれいごとでない場といった定義が挙がった。1 年経ち、
メンバーが自分たちでミーティングを開催し、新しい参加者を受け止める

場を提供している。参加者の一人は、グループミーティングと個別のカウンセリングを通して、自己理解の変化を次のように述べている。

「今までは日常の焦燥感、不平、不満があり薬物使用をしてきた。また、自分の喜びではなく、人の期待に応え、人を喜ばせるために生きていた自分に気づいた。体では人とつながるが、実際は誰ともつながっていない感覚を持ってきた。薬物を使用したいのではなく、寂しい時に薬物を使ってしまうことに気がついた。自分が拒否していた自分自身、家族、コミュニティーを自分が受け入れ始めたことが解放につながっている。プラスもマイナスも含め自分をさらけ出せる人がいること、仲間がいることが解放につながっている。僕は告知を受けた後、しばらくカウンセリングも受けていなかったが、京都にあるバザールカフェを紹介されて行った。その時に言われた『求めよ、さらば与えられる』という言葉が10年間心にあった。その意味がやっとわかった」。

前述のタンは、自己概念を変えるための方法を以下のように述べている。

①メディアなどで影響を受けた自己イメージの回復に必要なことは、すべての人の内面のうつくしさに目を向け、人間として価値ある存在であると認め合い尊重し合える共同体を作ること。

②自信を回復するには、すべての人の中に可能性があることを信じ、その可能性を一緒に見つけていく姿勢が大切。失敗や間違いから学び成長していく勇気を持てる環境を作ること。すべての人にやり直す機会が与えられていると信じ合える共同体を作ること。

③自尊心を回復するには、お互いを受け止め合える、肯定し合える関係性、共同体の形成を目指すこと。

以上のポイントは理想的だが、人間が集まれば、争いや否定や排除がおこるのも自然である。ハワイ大学教授のミルトン・ダイアモンドが「自然は多様性を好むが社会はそれを嫌う」と述べているように、自分とは違う

第1部 論文

人を受け入れられない私たちもいる。しかしながら、イエスがヨハネによる福音書のサマリアの女の記事で、5人も夫を替え、今も籍を入れていない男性と同棲をしていて、社会では受け入れられなかったであろうサマリアの女に自ら近づき、「私に水を飲ませてください」と話し、そして自分から飲む水は渇くことがないと語ったように、相手のしていることや見えていることにこだわるのではなく、相手の渇きに関心を持つことが大切なのではないだろうか。

イエスは自らが渇いておられた、自分自身の渇きを知っておられたからこそ、相手の渇きに気づいたのではないだろうか。渇きを隠しながら生きている自分の物語と、渇きを隠しながら生きているあなたの物語を分かち合う過程に、解放につながる鍵があるのではないだろうか。

私たちは、共同体の中で相手との人格的な出会いを通して、その人が苦しんでいる背景を学ぶ。そして聴いた私たちは、その人を苦しめている社会の価値観や構造に対して声を挙げていく。しかし、社会が変化しても、その人個人の中にある自分自身を閉じ込めている価値観が変わらない限り、その人は解放や自由を味わうことはできない。薬物依存症からの回復に取り組んでいるある人が、こう話してくれたことがある。「ハイヤーパワーからは、無条件に自分を受け入れてもらっていることを感じる。そして、仲間はそれを現実の生活の中で感じさせてくれる存在である。仲間はいつも一緒にいるのではない、しかし、その仲間の存在をいない時も思い出させてくれるのがハイヤーパワーであり、自分にはその両方が必要だ」。この言葉の中に、内在化したスティグマから自由になれる秘訣があるのではないだろうか。

自分に正直に生きようとする私とあなたとの出会いが、お互いを自由にする、そのような共同体を自分の周りで作っていきたいものである。

注

（1）International Ecumenical Youth Meeting on HIV/AIDS in Namibia by

World Council of Churches に CCA（Conference of Churches in Asia）代表として参加。

(2) ゴードン・マーセル監修『キリスト教のスピリチュアリティ——その二千年の歴史』青山学院大学総合研究所訳、新教出版社、2006 年、386–387 頁。

(3) フィリピンのマニラで開催されたアーネスト・タン・ワークショップの資料より。

(4) 甲南教会 HP「『悔い改め』？『メタノイア』の理解に向けて。」参照［http://www.konan-church.jp/modules/xwords/entry.php?entryID=25］

(5) 「レット・イット・ゴー——ありのままで」（「アナと雪の女王」サウンドトラック）より。

(6) Elia Shabani Mligo, *Jesus and the Stigmatized: Reading the Gospel of John in a Context of HIV/AIDS-Related Stigmatization in Tanzania*, Pickwick Publications, 2011, pp.45-50.

(7) 国連広報センター「LGBT」参照［http://www.unic.or.jp/activities/humanrights/discrimination/lgbt/］

(8) *Advocate* オンライン記事参照［http://www.advocate.com/news/2011/11/02/south-africa-rising-cases-corrective-rape］

(9) 「同性愛の基礎知識」参照［http://sukotan.jp/douseiai_01.html］

(10) 日高庸晴他「わが国における都会の若者の自殺未遂経験割合とその関連要因に関する研究」［http://www.health-issue.jp/suicide/index.html］

(11) REACH online 2005（日高庸晴他［http://www.j-msm.com/report/2005/]）［2019 年 2 月 14 日、リンク切れ］

(12) 向笠章子「セクシュアルマイノリティの自殺および自殺未遂のリスクについて」［https://www.mhlw.go.jp/file/06-Seisakujouhou-12200000-Shakaiengokyokushougaihokenfukushibu/s11_2.pdf］

第1部　論文

自死念慮者に対する牧会ケア

1　本当に悩みは話せるのか

「先生、私ね、最近時々死にたいって思う時があるの」

　大学に勤務していると、就職の時期は、何人かの学生がこのような思いを打ち明けに研究室を訪れる。面接で何度も落とされ、その度に自分を全否定された思いを持ち、立ち上がる気力すら湧かなくなったり、レールに乗ってここまでは来たけれど、その先に自分が何をしたらいいのかわからなくなり、途方にくれる学生。

　この時期、学生はいろいろな夢を見る。ある学生は、就職活動に行き詰まって随分長い間苦しんでいた。「頭が痛い」と言って研究室を訪れる。深いため息をつく日々が続いた後、ある日何か気持ちが吹っ切れた様子で研究室に現れた。「先生、僕はきのう夢を見たんです。真っ白いキャンパスに自分が立っているのを上から見ている夢なんです。僕はひとりぼっちなんです。でも僕の後ろには、たくさんの道があり、何本もの分かれ道があるのです。僕は、その自分を上から見ながら、これまでも何度も道を選んで今の自分があるんだ、だからこれからどの道を選んでも、自分は自由

64

なんだと思えて、楽になりました」と話し、再び就活を始めた[注1]。

　また、ある学生は、むしろの上を歩いている夢を見たそうだ。そのむしろから針のようなものが出ていて、その上を「痛い、痛い」と言いながら歩いている自分がいたそうだ。その学生は、この夢を分析して、「先生、このむしろから出ている針は、自分の理想像。理想の自分が『なぜこんなこともできないのか』と自分自身を苛んでいる痛みなんです」と話す。

　授業で、自死を防止するために必要なことは、「自分の気持ちを話せる環境」「話してもいいんだという関係性」だと話すと、学生たちが研究室に来てつぶやく。

　「先生、自分がしんどいっていうことを話したらいいのはわかるけど、家族には言えない。心配かけるし、家族の負担にもなるし。友だちに言えるかって聞かれれば、言えない。友だちも今同じように苦しんでいるかもしれないし、それに自分のプライドもあるから言えないよ。結局、自分の理想像が崩れていく中で、どうやって自分をもう一度受け止めるか、苦しんでいるんだと思う」

　またある学生は、何の前兆もなく3人の友人が自死したことを話し、「本当に悩んでいたら人には言わないよ。言えないよ」と話す。この学生は、普段から明るく何の悩みもなさそうに見える。しかし、その学生も話をしていくと、様々な苦しみや悩みを抱えていることが分かってくる。特に卒業を目の前にして得体の知れない不安にかられ、「死にたいよ」とつぶやく時がある。そんな彼に、「あなたの友人もきっと同じようにいろいろなものを隠しながら生きてきたんだよ。でも、あなたは、自分の中で思っていることを話すということを選んだよね。そして、一人の人に自分のことを話し、今では仲間に話しているよね。少しずつ自分を信じ、仲間を信じ、話し始めているよね。その選択ができたのがなぜなのか、考えて教えてね」と話している。

　学生たちは、思いを吐き出すと、また就活という戦場に戻っていく。何も答えを出せる場でない研究室でお茶を飲み、お菓子をつまみ、「聴いて

くれるなら、いてもいいよ」と言って少し距離のある同級生と話をし、そして研究室を出ていく。

心理学的剖検という方法を用いて死因を明らかにしていく方法で、世界保健機関（WHO）が多国間共同調査を行い、自死の原因を分析したデータがある。その研究は、15629人の自死者が、最後の行動に及ぶ前にどのような問題を抱えていたかについての調査で、結果としては90％以上の人が何らかの精神障害の診断に該当する状態であったことが明らかにされた。それにもかかわらず、精神科の受診率は2割以下であったと報告されている[注2]。

また、内田千代子氏は1985年から2005年の21年間の大学生の自死者987人の調査を行った結果、精神疾患と診断されていた人は186人で全体の18.8％、残りの人は不明であった。また学校の保健管理センターが関与したのは全体の19.0％の190名であり、残りは関与していない（750人）または不明（47人）であった[注3]。

私が関わっている人たちに、悩みや苦しみがあってどうしようもなくなったらどうするかと聞くと、「占い師」や「ユタ」や「霊の見える人の所」に行く、と答える人は少なくない。「なぜ心療内科や精神科やカウンセリングに行かないの？」と聞くと、「ハードルが高い。そこまで自分がおかしいとは思いたくない」とか「カウンセリングは高い」という答えが多い。

精神科や心療内科と連携していくことは大切であるが、調査結果のようになかなか必要な人をつなげることができていない現状もある。また、その他にも相談できない理由には、身近な人を悲しませたくない、負け組と思われたくない、親しい人だから知られたくない、など様々な理由があることを学生たちとの会話の中から学ぶ。

次に「悩みを話せる環境」を作るために必要な基本的姿勢について考えていきたい。

2 「悩みを話せる環境」を作る

a 距離感

牧師にとっては、少し離れた距離だがなおかつ普段の人間関係の中で、「この人なら話しても聴いてもらえるかな」という雰囲気を作るという、まことに難しい距離感が必要なのかもしれない。すなわち、近すぎず遠すぎない関係を普段から作っておくことが大切である。私は、関わっている人との距離が近くなりすぎることがある。ある日、関わっている人からこう言われた。「もう友人になったから、カウンセリングの関係は卒業かも。友だちになったら、あなたに嫌われたらどうしようかと思ったりして遠慮してしまう。でもね、カウンセラーなら仕事だから、自分が無理なことを言ったり、嫌われないかと心配しながら話さなくてもいいから、その点はいいかも」。距離が近くなることが、一概に何でも言える関係になることではない。かえって、こんな姿を見せたら嫌われるのではないかという思いが起こってきて、本当に悩んでいることが言えなくなってしまう可能性も出てくる。また、「お世話になった人」「助けてくれた人」を再度悲しませては申し訳ないという思いで、本当に助けが必要な時に「助けて」と言えなくなることもある。近くなりすぎず、かつ遠くなりすぎない距離感を自分なりに作る努力が必要である。そのためには牧師自身が、自分の作る距離感の中に自分のどんな思いが隠されているのかを自覚しておく必要がある。「助ける」ことによって、自分自身を必要としてほしい、そのことで自己存在の意味を確認したいという牧師自身のニーズが隠されている場合、共依存の関係を作ってしまったり、アドバイスをする（神様のようになる、コントロールする）関係を相談者と作ってしまう可能性もある。人との距離を近くとりたくない場合は、なにか自分自身の人生において体験した人間関係の未解決の問題が影響し、人に関わることができなくなっているのかもしれない。援助職につく人たちは、教育課程で自己覚知のトレーニングを受ける。神学教育においても、自己覚知のトレーニングを通

して自分自身を見つめ、自分の傾向を認識し、相談に対応できる力を養っていく必要がある。

b　覚悟（Commitment）すること

　淀川キリスト教病院で長年チャプレンをしておられる藤井理恵氏が学生たちにしてくれた講義の中で「自分たちが出会う患者さんは魂が裸になった人たちです。だから、私たちも裸になって最後まで関わるという決意を持って関わらなければならないのです」と話し、決意を持って関わり続けることの大切さを示した。「決意をする」ことが本当に自分にできているのだろうか？　人と関わる時、まずこの問いを問うことが大切である。長期に、そして自分を保ちながら人と関わる、そのためには変わらない距離感で関わり続ける覚悟が必要なのである。私は、今まで関わることが大切であると思ってきた。しかし、関わりすぎた時、自分がしんどくなって急に自分から離れていき、相手をよけいに傷つけてしまったことがある。覚悟をしながらも、変わらない一定の距離を保ちながら関わり続ける中で、信頼関係を築き、必要な社会資源につなげていくことが大切なのではないか。

c　真実の自分

　最近のキリスト教のスピリチュアリティの流れにおいて、とりわけゲイやレズビアンの人々にとって、スピリチュアリティとは、人間らしく生きること、その人らしく生きることだとする流れがある。かつてゲイやレズビアンたちのスピリチュアリティの表現は、己の信仰を窒息させながら秘密を隠して生きる辛さが中心であった。しかし最近では、社会の偏見に苦しんだ人たちが、自由に「自分らしい新しい人生」を語れるようになることによってスピリチュアリティを獲得すると言われている[注4]。心の中で抑圧したものを解放し、「自分らしい新しい人生」を生きられるよう支えていくことも、自死念慮を持つ人へのカウンセリングでは重要だ。真実の

自分との出会いとは、「あなたがたを自由にする」と約束されている真理を指している。この、神と自己と他者との間に偽りがないことが、スピリチュアルな諸々の徳（愛、共感、真理、寛容、赦し、忍耐、勇気）を養う土台を形成するとも言われている[注5]。

　自分のセクシュアリティについて人に話すことを「カミング・アウト・オブ・ザ・クローゼット」（クローゼットから出ていく）と言う。人に言えない秘密を持ち続け、抑圧された世界で生き、その抑圧に耐えきれなくなり、どうにかして解放されたいという思いを持つ人は、自分のセクシュアリティを人に言えずに苦しんでいる人だけではない。そしてセクシュアリティだけでなく、自分自身についてずっと人に隠していたことを話すのは、誰でも勇気のいることである。レズビアンのアクティビストであるアッシュ・ベッカムがカミングアウトに際して、真実の自分と真実の相手が向き合うことの大切さを述べている[注6]。一人の人間として誠実に相談者と向き合う時、「この人とは真実の自分を分かち合いたい」という思いを持ってもらうことができるのではないだろうか。

　詩篇23篇「主はわたしの牧者であって、わたしには乏しいことがない。主はわたしを緑の牧場に伏させ、いこいのみぎわに伴われる。主はわたしの魂をいきかえらせ、み名のためにわたしを正しい道に導かれる。たといわたしは死の陰の谷を歩むとも、わざわいを恐れません。あなたがわたしと共におられるからです」は多くの人に愛され、苦悩の時に慰められる聖書の箇所である。この詩篇は「わたし」という言葉で語られている。苦しみにあった「わたし」が真実をもって語っているのである。「わたし」という主語で語られる言葉は、聴いている者に響く言葉となるのではないだろうか。

d 「こころの病」に対する社会のイメージを変革するために関わる

　悩んでいる人が「助けて」と言えるためにも、精神科や心療内科、カウンセリングに行くことのハードルは高くない、と思える社会を作っていか

なければならない。一昔前、「障害」を持っている人のことを "Disabled"（できない人）と呼んでいた。その時代、「障害者」の人権問題に関わっていたカナダからの宣教師であったニノミヤ・アキ氏が TAB という概念を紹介した。TAB とは Temporary Abled Body の訳で、日本語の「健常者」にあたる。意味は、「一時的にできる体を持った人」ということである。人は誰でも、何らかの拍子で今までできていたことができなくなる存在であり、誰もが「障害」を持つ人になるのであるから、自分が「障害」を持った時に生きやすい社会を想定し、今「障害」を持って生きている人たちが生きやすい社会を作っていくことが大切である。自死予防を考えた時、悩みを持った人にとって行きやすい医療環境を作っていくこと、そして悩みを話せる環境を作っていくことが、自分も安心して生きていけることにつながるのである。

e　まとめ

「グリー」という人気の海外ドラマの挿入曲にも使われた "Lean on me" という曲がある。そのオリジナルは 1972 年ウィザーズ・ビルという人が作った曲で、多くの歌手がカバーし、現在まで歌われ続けている。ウィザーズがロスアンジェルスに移住した際、幼少時代を過ごしたウエストバージニアの炭坑町スラブフォークで体験した強い共同体としての町意識を恋しく思い、この曲のインスピレーションが湧いたそうである[注7]。

　　生きていれば
　　誰でも痛みを感じることがある
　　誰でも悲しみを感じることがある
　　だけど賢いやつは知っている
　　必ず明日があることを

　　ぼくに寄りかかりなよ、心が弱っているならば

そしてぼくはきみの友だちになる
きみが前に進めるように助けるよ
今にきっとぼくだって
必要になるからさ
寄りかからせてくれる誰かが

プライドなんか捨てるんだ
力を貸せるものなら貸すからさ
きみが何も言ってくれなければ
誰もきみに手を貸すことができないよ

ぼくに寄りかかりなよ、心が弱っているならば
そしてぼくはきみの友だちになる
きみが前に進めるように助けるよ
今にきっとぼくだって
必要になるからさ
寄りかからせてくれる誰かが

背負いきれない重荷を
もしもきみが背負っているのなら
ぼくも一緒に行くよ
きみと一緒に重荷を背負おう
ただ声をかけてさえくれれば

だから助けがほしいときは呼んでくれ
ぼくたちにはみな寄りかかる相手が必要だ
ぼくの悩みをきみがわかってくれることだってあるかもしれない
ぼくたちにはみな寄りかかる相手が必要だ

第1部　論文

　　ぼくに寄りかかりなよ、心が弱っているならば
　　そしてぼくはきみの友だちになる
　　きみが前に進めるように助けるよ
　　今にきっとぼくだって
　　必要になるからさ
　　寄りかからせてくれる誰かが　　　　　　　　　　　　　（渡辺順子　訳）

　この歌が、40年以上いろいろな人によって歌われてきたのは、歌詞の
中にあるように、人はお互いに助け合う関係を必要とし、その中で生きる
のだというメッセージが共感を呼ぶからではないだろうか。「助けて」と
言うのはとても勇気がいることだ。また、「助けて」と言われた者は関わ
る覚悟が必要だ。しかし、自分も自分ができることをし、そして人にもし
てもらえる、そんな関係性の中に生きる時、この歌にあるように、神を分
かち合い、お互いに生かされる力を得ることができるのではないだろうか。

3　自死念慮者に対する牧師のインターベンション

　自死予防にはプリベンション（prevention, 事前予防）、インターベンショ
ン（intervention, 介入）、ポストベンション（postvention, 事後対応）の3段
階があると言われている。市瀬晶子・木原活信氏は、イスラム圏で自死率
が著しく低いことは、宗教的教義による抑止力の一例であるとし、プリベ
ンションの段階で、いのちの価値について自分や社会を超えたスピリチュ
アルな領域で捉える機会が教育の中に必要ではないかと指摘している[注8]。
　またインターベンションでは、教会に最後の望みをかけて相談に来る人
たちも少なくはない。「すべて重荷を負うて苦労している者は、わたしの
もとにきなさい。あなたがたを休ませてあげよう」（マタイ 11:28）という
聖書の言葉がある。この言葉を実践している牧師への「自死に関するアン

ケート」調査を元に、牧師のインターベンション時の関わり方と課題について考えていきたい。

「自死に関するアンケート」結果報告より

　関西学院大学では 2010 年夏に、兵庫、京都、大阪の各教区に所属する日本基督教団牧師ならびに関西学院大学神学部および神学研究科を卒業した牧師（日本基督教団以外の牧師も含む）を対象に「自死に関するアンケート」を行った。501 名にアンケート用紙を配布し 124 名より回答を得た（男性 105 名、女性 19 名、回収率 24.7%）。調査期間は 2010 年 7 月 20 日より 8 月 20 日とした。回答者のうち、自死の相談を受けた経験のある者は 50 名、経験のない者は 67 名、無記入の者は 7 名であった。約 4 割の者が自死に関連する相談を受けた経験がある。その中で、どのような相談内容があったかについて、井出浩氏は以下のように報告している。

　アンケート結果から、自死念慮の背景は、うつ病など精神疾患に関連したもの、心身の病気を苦にしたもの、家族関係、人間関係を苦にしたもの、リストラなど経済的な問題を抱えているものなど多岐にわたっている。その相談者に牧師がどのように対応したかについては、多くの回答で「聞く」「何度も何度も話を聞いて」「とにかく聞く」「まずは聞いて他機関に紹介する」姿勢で対応している。一方、アンケートの結果から「自死は罪か」などの問いに対して、「赦されない罪はないが、家族に対する責任を果たすのが重要」と答えたり、聖書を一緒に読むなど、相談者の問いに対して何を語り何を伝えていいのか苦悩している牧師の姿も明らかになった[注9]。

　井出氏は分析の中で、他機関を紹介し連携したと回答した者は 16 名で、およそ 3 割であることから、牧師が様々な理由でなかなか他職種と連携できない現状があるとしている。その理由として、相談者との間に築き上げた信頼関係への影響を考え、紹介をためらったり、他機関を紹介することの意義と効果に確信が持てないことなどをあげている。それと同時に、神学部での学びの中で、DV、自死、レイプ、貧困など社会で起こってい

第1部　論文

る具体的な課題に関して学ぶ機会の大切さを学生たちに充分に伝えきれていなかったり、そのような学びの場が少ないことも影響しているのではないだろうか。今後の神学教育にはより具体的な対応方法や他職種と連携していく方法などを学ぶ機会を作っていく必要がある。牧師自身も、一人で抱えこむことによって自分の限界を超えてしまい、自分自身が病気になってしまうこともある。

　自死念慮を長期間持つ人に対しては、私自身も自分の関わり方がこれでいいのか不安になることが多い。自分の対応で、関わっている人が本当に自死してしまってはと不安にかられることもある。背景に様々な精神疾患がある場合、パンドラの箱を開けない方がいい場合もあり、その見極めが本当に正しいのか悩むことがある。そんな時に、一緒に関わっている仲間と相談し、お互いの関わり方を確かめ合う作業をしている。また、「早く死にたい」という言葉の数が増えた場合は、家族にその旨を伝え、注意深く様子を見てもらったり、精神科受診を勧めたりしている。また自分以外に相談ができる機関として「いのちの電話」などを紹介し、相談先の選択肢を増やし、必要な時に電話ができるようにしている。

　アンケートに回答した牧師の多くは、他職種への紹介の困難さと、自死念慮を抱く人に対して「聞く」ということと同時に「宗教者としての答え」を出すことの困難さを述べている。この2点について述べていきたい。いったい、聞くとはどういうことなのであろうか？

4　「個」のカウンセリングから共同体へ

　牧師は、様々な人たちの痛みやうめきに日常的に出会う職業である。牧師として、様々な人たちに関わっていくために、神学教育の中では病院などで臨床牧会教育を行っている。臨床牧会教育の父と呼ばれているアントン・ボイセンは、私たち牧師は本ではなく生きた人間の物語から学ぶことが大切である（The study of living human documents rather than books）[注10]

と説き、"Living human documents"（生きた人間の物語）に関わっていく臨床牧会教育プログラムを始めた。しかしながら、アメリカの実践神学者ボニー・J・ミラー＝マクルモアは、21世紀を迎えた現在、牧師による牧会ケアは、この「個」と「個」のカウンセリングを中心として考えられていた牧会ケアから、「個」に対して社会にある様々な資源を用いながら支える方向に変化してきていると述べている。そして、牧師には「個」としてのカウンセリングからその人を支えていく共同体を構築する使命があり、その人がおかれている状況を社会的・政治的・文化的に捉え、その苦しみを作っている社会に対し預言者的働きをしていくことが大切であると述べる^(注11)。

実践神学者W・E・オーツは著書『現代牧師論』の中で、「紹介のミニストリー」という言い方で牧師の役割を述べている。彼は、牧師が人と関わる時に六つの段階があると述べる。第1段階は、牧師が自分自身の限界を認識し、手を広げすぎることで責任を持てなくなったり、結果的に相手を傷つけることがないようにする。第2段階は、当事者に対して何が問題であるかを対話の中で解明していく。第3段階は、牧師自身が、自分の限界を提示し、その人が専門家のもとに行って援助を受ける必要性を説明する。第4段階は、他の専門機関を紹介する。時には最初は同行する必要性もある。第5段階は、干渉はしないが、関心は示す。そして第6段階はフォローアップをする^(注12)。オーツが提案している「紹介のミニストリー」では、牧師自身が様々な専門機関、専門家、医師、弁護士、シェルターなど社会的資源と普段から関係を築き、信頼できる資源に紹介する準備をしておく必要がある。神学教育の中で、他職種とどのように連携をしていくのかについて学ぶ機会や専門家と出会う機会が大切である。私が関わっている人の一人が「僕には、社会的回復と同時に霊的回復が必要だ」と言った。霊的回復に関わる時、同時に社会制度や必要な資源を利用しながら社会的回復にも関心を持っておく必要がある。しかしながら、私たちは専門家ではないため、連携してくれる機関で働く人たちとの

第1部　論文

信頼関係を築くことが大切である。

　自殺対策支援センターライフリンク『自殺実態白書2013』によると、自死の要因となり得るものとして身体疾患などがあげられているが、これは自死の最後の引き金となっているものであり、その前に様々な危機要因が重なり合った上で自死は起こる。このような自死の背景を考えた時、自死念慮を持つ人に対しては、長期的に様々な問題に関わり続け、必要な社会資源につなげ、共同体として支えていく体制が必要になってくる。「個」と関わりながら、必要な社会資源や人的資源につなげ、そしてその人の苦しみの背後にある様々な課題を社会的・政治的・文化的視点をもって見つめ、その生きづらさを生み出している構造にも声をあげて変革を求めていく役割を、宗教者は担っているのではないだろうか。

　個人的な話になるが、私は20年近くHIV陽性者の方に関わってきている。近年エイズは慢性疾患として長期に付き合っていく病気となってきている。しかし、長期に付き合っていくということは、長期にわたって様々な課題と付き合っていかなければならないしんどさを抱えることでもある。セクシュアリティの自己受容の課題、病気を明らかにできない苦しさ、理解をしてもらえるかどうかという不安、恋愛ができるだろうか、結婚ができるだろうか、老後は施設に入所できるだろうか、仕事が続けられるだろうか、などなど次から次へと悩みが襲ってくる日々を歩んでいる人も少なくはない。自分を抑圧しながら生きていく中で、唯一自分を解放する手段として薬物に頼る人たちも増えてきている。中には、生きていくことに疲れ、自死を選ぶ人もいる。最後の引き金は「エイズ」の発病だが、その人が死を選ぶまでに、何十もの苦悩の要因がある。一人の人と関わる中で、多くの支援体制がネットのように必要である。セクシュアル・マイノリティ、HIV陽性者、薬物依存などのピアサポートグループ、自分のことを安心して話せる場（NPO）の紹介、生活保護の申請手続き、施設との交渉など様々な社会資源の活用が必要である。

　15年近く前のことだが、京都YMCAでHIV陽性者のための電話相談

を行っていた。そこにかかってきた1本の電話は、ある地方の外国人女性とそのパートナーの日本人男性からであった。女性がちょうどHIV陽性告知を保健所で受け、日本人パートナーはまだ動揺して自分の検査は受けていない段階であった。その頃は「エイズ＝死」というイメージが強く、女性も異国の地での感染がわかって動揺し、二人は自死をほのめかす電話をかけてきたのだ。このままでは危険だと判断し、京都に一度来て対面しながら今後のことを考えていこうと提案した。このカップルは車を飛ばして翌朝には京都に来た。1週間生活を共にし、病気に対する理解を深めるために専門医の説明を聞いたり、病気の先輩から話を聞いたりする中で、落ち着きを取り戻した。日本人パートナーも検査を受けて陽性が確認され、居住地で診てくれる病院も見つかり、二人は帰って行った。今も二人は治療を継続し、仕事も続けて幸せに暮らしている。

　別の件では、関わりながらも自死された方もいる。自分自身の生き方を変えたい、実家から独立して自分が変わりたいと願う思いを聴きながらも、うまく必要な社会資源につなげることができなかった。もっとたくさん選択肢が社会にあれば、と思った。人間は一人一人違う。すべての人に合う資源はないかもしれない。だからこそ、いろいろな人たちがそれぞれの独自性を持った資源を社会の中で作っていくことが必要である。「駆け込み寺」という言葉がある。宗教施設は、ある意味で様々な困難を抱えた人々が駆け込み、重荷をおろせる場として社会に存在していく必要があるのではないか。宗教施設がそれぞれの独自性を活かして人々が重荷をおろせる場を地域に作っていくことができれば、たくさんの人の救いとなることができるのではないだろうか。

5　「聞く」から「聴く」へ

　自死念慮者の相談に対応した牧師の多くは、何度も何度も聴くという丁寧な付き合いをしていることが、アンケート調査の結果から読み取れる。

第1部　論文

　日本語にも英語にも「きく」には、2種類の「きく」がある。一つは「聞く」で、英語では hearing である。これは、聞こうとする意志がなくても自然に耳に入ってくることである。もう一つは「聴く」で、英語では listening である。これは、「聴こう」「理解しよう」という自分の意志を持って全身全霊、自分の存在をかけて「聴く」ことである。「聴く」は一見受動的な行為のように見えるが、語られる内容、相手の話し方、声の調子、無意識の内容、込められている感情、聴く側に浮かぶ考え・イメージなど五感や思考をフルに使った行為である。臨床心理士がカウンセリングの時間を 50 分から 1 時間に限定しているのも、五感と思考をフルに使って人の話を集中して聴けるのも限界があるということだと思う。私たちは、本当に人の話を聴くことができているのであろうか？

　ウィリアム・ミラーは「人に話を聴いてもらえた」と感じる時には、以下のようなメッセージが伝わると述べている^(注13)。

i　あなたは大切な人（You are important）

　聴かれるということは、恵まれたことである。時間をとって、人の話を聴くということは、その人は大切な人である、心配されるに値する人であるということを伝えることになる。

ii　私はあなたを尊重します（I respect you）

　聴く側の論理や思いを通すのではなく、その人の持っているその人なりの乗り越えていく過程を尊重するということは、その人の持っている力を信じることである。

iii　私はあなたを理解したい（I want to understand）

　他人の痛みや感情をわかることはできないが、理解したいという思いを伝えることになる。「私の気持ちなんてわかるはずない」という自死念慮を持つ人に対して、わからなくても一緒に考える姿勢を持つことで、

78

理解したいと思う人がいることを伝えることができる。

iv　自分自身の解決方法はその人の持っている内なる力や知恵の中にあることが伝わる（You have within you the resources and wisdom to find your own solutions）
　牧会カウンセリングでは、牧師自身が、一人一人に神様が語りかけてくださること、知恵を与えてくださること、一人一人のうちに神様がいることを信じることが大切である。

v　もっと話してください（Keep talking）
　私は、もっとあなたのことを知りたいから、安全な環境の中で、その人自身を分かち合ってくださいということを伝えることができる。また、話してもらう中で話し手は自分が今まで気付くことができなかった視点を持つことができるようになる。

　ミラーによると、カウンセリングにおいて、受容とは承認する（approval）ことではない。それは、その人のしていることや話していることをすべて認めたり、承認したり、同意したりすることではない。どんな状況の人でも、また自分の価値観とは違うことをしている人でも、一人の人としてその人全部を受け入れることが大切である。そして自分のすべての集中力とエネルギーをその人が何を言おうとしているのかを理解するために使い、その人が言おうとしていることを探し明確化していくことがカウンセリングである。近年、アメリカでは、牧会カウンセリングの分野でナラティブアプローチという方法が注目されてきている。ナラティブアプローチが大切にしている姿勢の一つに、"not knowing"というものがある。これは「何も知らない、わからない」という思いで、相手の持っている価値観や相手がどんなふうに世界を見ているのかを聴くという姿勢である[注14]。私たち牧師の一つの誘惑は、すぐにアドバイスをして問題を解決していき

たいというものである。聖書の言葉を用い、また信仰を語り、問題を解決しようとする誘惑にかられる経験のある牧師は少なくないだろう。例えば、「自死は罪ですか？」という質問をされた時、神学的に正しい答えを出さなければならないという思いにかられてしまうことがある。しかし、この質問をしている本人がこの問いを発している背景にある苦悩、思いを「私は、わからないから教えてほしい」という姿勢で一緒に話し合っていくことにより、問いを発した本人が自分の中にある苦悩の本質に気付いていけるのではないだろうか。

うつの時にはなかなか家から出ることができない。そんな時、メールでのやり取りでカウンセリングをすることもある。

「おはようございます。お忙しい中すみません。先生、罪＆生きるってどういうことですか？　またうつが到来してきました。」

「おはようございます。ちょっと動きすぎて心身ともに疲れたのかな？罪について考えたいのはあなたがなにか今そのことで考えたいわけがあるんでしょう。それは、生きることに深く関わっているんだろうね。またメールしますね。覚えてお祈りしていますね。」

「返信ありがとうございます。今すごく、恐れているのは、記憶力が曖昧な時期がありました。その時って、寝ている時に寝言を言ったのかな？の状態だったのです。だから何かしていないかが不安でおびえています。」

「そうだったのですね。不安になっているんですね。でも何かしていたら、誰かがなんか言ってくるのじゃないですか？　心配しすぎず、心を休めてくださいね。」

「ありがとうございます。その優しいお言葉に救われました。」

その後、彼は、自分が記憶障害でこれからどうやって生きていくのか不安であることなど、自分の中で起こっている不安について話した。彼は「罪」についてキリスト教の教えを知りたかったのではなく、覚えていない時にした罪があっても意識できず、償うこともできないという自分の抱えている病気からくる不安について吐露したかったのである。相談者の神

80

学的な問いには、その問いを発している本人の背景がある。その背景に寄り添っていくためにも、神学的答えを話す衝動が起こった時、「私は、この人が何を苦悩しているのか十分聴くことができただろうか」と自分に問い、応えていくことが大切である。

6　メタノイア

キリスト教用語でメタノイアという言葉がある。直訳的な意味は「視点、考えを、後で変える、思い直す」という意味である。牧会カウンセリングが目指すことは、視点を変えて、自分そして他者を見ることができるようになり、囚われから解放されることではないだろうか。囚われから解放されるまでの間、"not knowing"（私は知らない）という姿勢で、自死念慮を持つ人の人生の語りを「聴いて」いくことが大切なのである。

つい先日出会った HIV 陽性者の方で、薬物依存症からの回復を願いながらリハビリをしている人は、メールで様々なことを伝えてくれる。

「あたし自死未遂をしたことが 5 回あるわ。でもいつも未遂に終わるの。確実に死のうと思ったら、くすり飲むのやめて食べなきゃいいのよ。できるかしら？」

「ここんところ色々あったからね。アップダウンも激しかったしね。とっても心が疲れているんだね。今度の土曜日に会えるの楽しみにしているよ。今日、学生でなかなか就職活動がうまくいかない子が『死にたいわ』と言った後でぽそっと『死にたいわの意味は幸せになりたいわという思いがあるの』って言ってたよ。だから、あなたも今死にたいほど苦しい中で、死にたいわって言っている思いの奥には、早く幸せになりたいわって本気に思っている思いがあるからかな？」

翌日彼からメールが届き、その中には、こんなことが書かれていた。

「私は、本意を得たと感じたわ。そう幸せになりたいのよ。みんな平等に幸せになる権利はあるはず。実現できるかどうかは別として。だから今の

苦しみと共に生きていくしかないことはわかっている。悲しいことに苦しみの渦中にあると本当にこの先、幸せがあるの？　と疑ってしまう。だから苦しいのよ。信じることをいつしかしなくなってよけいに苦しいんだわ。今までずっと裏切られ人や自分を信じることなんてできなかった。哀れよね？」

　別の時に彼は、「神様は耐えられない苦しみは与えられないと NA（Narcotics Anonymous, 薬物依存症の人たちの自助グループ）も言ってるから、これも神様が何かを教えようとしているのだと思うわ」と話す。彼の繊細な感受性は、傷つきやすく、傷つかないためにいろいろな武装をして生きている。彼にとって何が生きていくのに必要なのであろうか。

　長老派の牧師でありカウンセラーでもあるスコット・シュレンダーは、著書の中で、依存症の背景を作るものの一つにプライドをあげている。彼は、プライドと自尊心が低いのはコインの裏表のようなものであり、どちらも自分を苦しめるものであると語る。人間はいつでも「できる」自分だけで生きることは難しい。プライドが高い場合、絶えず「できる」自分でいなければならないため、極度のストレスがかかる。また同時に、自尊心が低い自分ばかりを見るのも偽りの自分を見ていることだとも語る。人間は、いつも「人より劣っている」「できない自分」でいるだけではない。できる自分を見ないという選択をし、そして自分に価値を見いだせなくなってしまっている。どちらも正しく自分を見ているのではなく、自分を正しく見るとは、できる時もできない時もいろんな時がある自分を認めることであると彼は述べている^(注15)。

　平本あきお氏は、アドラーという心理学者のカウンセリングの特徴は、①自己受容、②他者信頼、③貢献感を高めることであると述べている^(注16)。つまり、自分を今よりも好きになり、周りの人を今よりも信頼でき、自分が今よりも役に立てていると感じられる時に、人は幸せに感じるという理論がその根底にある。カウンセリングは、関わることを通して、ほんの少しでも自分に対する見方が変わり、自分が好きになり、今まで人を信じられなかったが少し信じられるようになり、これなら自分はできるかもしれ

ない、と思えるようになることを目指すのである[注17]。

　前述したHIV陽性の方は、「HIV」「薬物依存」「刑務所にいたこと」で人や社会から受け入れてもらえないのではという不安を抱き、自分も社会と同じ目で自分を見てしまい、自分を受け入れられないという思いと戦っている。そんな彼が、仲間や人との出会いを通して、自分を前よりも好きになり、他者を前よりも少し信じられるようになり、自分の経験を少しでも社会に役立てることができるのではないかという思いを持てるようになってきている。しかし、いつも自分を好きでいたり、他者を信じられるとは限らない。できなくなってしまう時もある。私たち牧師は、相談者が、自分を愛し、他者を信じることができるようになり、価値のある存在としての自分を感じることができる原点を持てるようになるところまで一緒に歩み、そして原点を忘れて苦しんでいるとき、その原点を持てたことを相談者が思い出せるように支えていくことも大切な役割である。

　視点を変えて自分を見ることができるようになる、そして他者や世界を少しでも信じられるようになり、この人生をもってしかできない大切な役割があることを、関わる中で伝えていくことを目指すことは、自死念慮者の相談にも応用できるのではないだろうか。

　ヘンリー・ナウエンは、ケアという言葉の意味は、"to cry out with ～"（～と一緒に叫ぶ）、"lament"（嘆く）、"to experience sorrow"（悲しみを体験する）であると述べている[注18]。できる者ができない者に何かをすることがケアなのではなく、一緒に叫び、嘆き、悲しみを体験する、それらはすべて、共にいるという、存在のミニストリー（ministry of presence）から生まれる。牧師にとっては痛みを感じる力、共感力を養う訓練、相手のうめきに留まって聴くことができる忍耐力を養うことが大切である。

　これまで自死念慮を持つ人の話を「聴く」ことの大切さとアプローチについて述べてきた。しかしながら、「聴く」姿勢のみで対応することは十分とは言えない。自死念慮を持つ人の背景には様々な課題があるため、自分が知らないことも多い。そのために、必要な社会資源につなげることも

第 1 部　論文

必要不可欠な役割である。次節においては、牧師が、自死念慮を持つ人の
相談に応じる際に必要な、基本的知識と役割について述べたい。

7　自死の危険因子

　下園壮太氏は、自死念慮の相談を受ける者は、危険性を正しく認識する
ため、自死に関する客観的事実を知っておく必要があると指摘する[注19]。
またミラーも、自死の危険因子として、自死未遂の経験があり、50歳以
上、男性は女性の 3 倍、一人の者、離婚している者、慢性疾患など疾病
がある者、アルコールやドラッグをしている人、うつ病になっている人
（特に自己批判、罪悪感に苦しんでいる者）、ストレスが高い者（特に経済的危
機）、結婚生活が破綻しかかっている者、何らかの妄想がある人、そして
これらの危険因子を複数持っている者などを挙げている[注20]。危険因子
とは、統計学的に自死する危険性が高い要因ということで、相談に応じる
者は、予防のために自死の危険性を認識する必要がある。日本では、以下
のような項目が自死の危険因子として挙げられている[注21]。

　①自死未遂歴：自死未遂の状況、方法、意図、周囲からの反応などを検討す
　　る
　②精神疾患：気分障害（うつ病）、統合失調症、パーソナリティ障害、アル
　　コール依存症、薬物乱用、未婚者、離婚者、配偶者との離別
　③十分なサポートが得られない
　④性別：既遂者：男＞女　　未遂者：女＞男
　⑤年齢：中年と高齢者にピーク
　⑥喪失体験：経済的損失、地位の失墜、病気や外傷、訴訟を起こされるなど
　⑦自死の家族歴：近親者に自死者が存在するか？（知人に自死者を認める
　　か？）
　⑧事故傾性：事故を防ぐのに必要な措置を取らない不注意、慢性疾患に対す
　　る予防あるいは医学的な助言を無視する

⑨独特の性格傾向：未熟・依存的、衝動的、完全主義的、孤立・抑うつ的、
　反社会的

⑩児童虐待：身体的、性的、心理的虐待

また、高橋祥友氏は、自死直前のサインを以下のように述べている[注22]。

・感情が不安定で、突然泣き出したり、落ち着きがなくなったりする。

・不機嫌で本人も理解できないような怒りを爆発させる。

・深刻な絶望感を覚える。

・性格が急に変わったように見える。

・投げやりな態度が目立つ。

・身なりをかまわなくなる。

・これまでに関心のあったことに対しても、興味を失う。

・学業成績や仕事の業績が急に落ちる。学校や職場に行かなくなる。

・注意が集中できなくなる。

・友人との交際が減り、引きこもりがちになる。

・攻撃的・衝動的な行動が認められる。

・激しい口論やけんかをする。

・過度に危険な行為に及ぶ。

・極端に食欲が落ちる。

・不眠がちになる。

・様々な身体的不調を訴える。

・突然、家出や放浪をする。

・アルコールや薬物を使用する。

・精神的に重要なつながりのあった人を亡くし、落胆が激しい。

・大切にしていた物を誰かにあげてしまう。

・別れをほのめかす。

・これまでの抑うつ的な態度とはうって変わって、不自然なほど明るく
　振る舞う。

・死にとらわれる。自死についての文章や詩を書いたり、絵を描いたりする。

・自死をほのめかす。

・遺書を用意する。

・自死の計画を立てる。手段を用意する。

・自死する予定の場所を下見する。

・実際に自傷行為に及ぶ。

　私たちは、ここに紹介されているような自死の危険因子や自死直前のサインなどを念頭に置きながら相談者の悩みを聴くことが大切である。

　下園氏は、自死の危機介入におけるカウンセラーの役割として五つの役割を提示している[注23]。まず第1の役割として、相談者の悩みの中に隠されている自死念慮を見逃さないことである。第2の役割は、受診するまでの応急処置として、十分に話を聴くことである。第3の役割は、精神科受診を説得することである。自死の背景には何らかの精神疾患があることが様々な調査で明らかになっている。しかしながら、なかなか精神科受診ができていない現状があることも明らかになっている。カウンセラーは、説得の可能性を適切に見極め、本人の価値観、家族の状況、職場・地域の状況によって一人一人異なる方法を持って、本人・家族に対し精神科受診を丁寧に説得していかなければならないと下園氏は述べている。牧師は、日頃から自分が信頼できる医療機関、精神科医、カウンセラーと交流し、相談できる関係性を築いておくことも大切である。また、病院の探し方として入院施設がある病院、医師以外のコ・メディカル（看護師、臨床心理士、ソーシャルワーカーなど）が充実した病院を探すことを勧めている。第4の役割は、本人が精神科受診を納得した場合、精神科医と連携し、治療に必要な情報を提供し、本人を間接的にも支えていくことである。そして第5の役割は、本人が精神科受診を拒否した場合、次の対処を考え実行することである。では、いったい次の対処とは何なのであろう？　下園

氏は、あまり日を空けずに次のカウンセリングの日を決め、次の約束の日まで自死しない、死にたい気持ちが出たらカウンセラーに連絡することを約束してもらうこと、精神科受診に対して説明し、アルコールや睡眠、食事などに対する注意事項を説明することなどを挙げている[注24]。「死にたい」と訴える相談者に、精神科受診を勧めつつ、週に2回朝電話でお祈りすることを約束し、対応している牧師もいる。関係性に応じ実現可能な約束をすることも大切なことである。

　このような役割は、カウンセラーに向けて書かれているものであるが、地域で自死念慮を持って教会を訪れてくる人の相談に応じている牧師にも応用できる。そして、この役割に加えて、第6の役割が牧師にはある。それは、相談者の悩みやうめきに丁寧に付き合い、面談の中で感じた相談者の魂の叫びやうめきを神様に持っていき、神様の導きを信じつつ、相談者のことを日々の祈りの中で覚えていくことである。ただし、第6の役割は、十分に相談者の悩みを聴くことが前提である。

　ある時、何度も死のうとして精神科に入院していた友人を訪れた。その際、友人はうつということもあり、あまり会話がなく時間が過ぎていった。会話がない時間があまりに長く続いたので、友人に「お祈りしようか？」と尋ねた。すると友人は「まだお祈りは早い」と言って、私の手を握った。そしてしばらくそのままで時間が過ぎ、お祈りをして帰った。牧師が訪問時に「お祈りしましょう」というのは、訪問を終え帰る時である。友人の「まだ早い」という言葉は、「あなたは、なんにも私の心の声を聴かないまま、何を祈るの。もう帰りたいの。私は、ただあなたとしゃべらなくてもこうして手を握りながら一緒にいたいのよ。一人で不安なのよ。神様が一緒にいてくれると祈ってくれても、今の私には、人の手のぬくもりも必要なのよ。もう少し、誰かと一緒にいるという感覚を感じさせて。そうしたら、あなたが祈ってくれる神様が共にいて守ってくれ、一人でないということをあなたが帰ってからも感じることができるから。だから黙って手を握って、私の心に寄り添って」ということだったのではないだろう

か。私は、あの時、黙ってなにも語らない友人のそばにいることに自分自身が疲れ、帰りたかったのかもしれない。「祈ること」「聖書の教えを伝えること」に焦ってしまう時、自分側の理由で目の前にいる人の心から離れていってしまう可能性もあることを覚え、丁寧に、誠実に関わる覚悟をしていくことが大切である。

　自死念慮を持っている人は、一人一人様々な背景を持ち、悩みと課題を抱えている。「死にたい」という言葉は、相談者が私たちを相談者の世界に招いてくれる言葉でもある。「死にたい」という言葉は「このようなたくさん糸の絡まった人生を生きている私が、どうしたら生きることができるのですか」という意味を含み「私の話を聴いてください」「そして一緒に考えてください」と私たちを招いてくれているのである。

8　牧師自身のセルフケアについて

　今まで、インターベンション（介入）時の牧師にとって大切な姿勢について考察をしてきた。しかしながら、牧師の中には、相談を受けながらも、相談者が自死することを経験する人もいる。悩みを聴いてきた者にとって、自分が関わってきた人が自死することは、本当に心が痛む。私の場合も、長年関わってきた人が、自死され、自分の無力感と悲しみに途方にくれたことが幾度もある。

　「あの時、もっとしっかりと会っておけばよかった」「私でなかったら、この人は自死しなかったのではないだろうか」「あの言葉をなぜ聴き逃したんだろう」「自分は人に関われるだけの能力もセンスもない」「あの辛さをどうしてもっと受け止められなかったんだろうか」という思いに取り憑かれる。

　夢に自死をされた方々が出てきて、あまりの辛さに起き上がり、ひたすら神様に亡くなった方が緑の牧場で安らぎを得てほしいと、うめくような祈りをしている時もある。自分の能力のなさにうちひしがれていても、ま

た目の前には悩みを抱えている人がやってくる。気持ちを変えて、今度こそは聴き逃さないという思いを持つものの、傷つき無力感に押しつぶされている自分がいることも知る。

亡くなった相談者の遺族を訪問するのも、遺族を前にして自分自身のいたらなさを感じたり、期待に応えられなかった申し訳なさにかられ、心もからだも逃げてしまう時もある。

ゲイリー・ハーバウは、牧師も一人の人間であり、感情を持った人間であると述べている[注25]。彼は、牧師は、自分が関わっている人が亡くなったという連絡が入ると、すぐ前夜式、葬式など具体的に進めていかなければならない「仕事」をするため、自分のこころに注意を払うことができず、ストレスがたまっていく危険性があると指摘する。また牧師は、いつも教会員の期待に応えなければならないという思いで自分にプレッシャーをかけているため、自分が関わってきた人が自死してしまうということは、「失敗者」としての自分と向き合うことになってしまう。ハーバウは、牧師の孤独にも言及している。牧師は、仲間の牧師に悩みを話したり、自分の弱さを分かち合うことができればいいが、「自分はできなければならない」というプライドがあり、仲間だからこそ言えないとも述べている。牧師も人間である。自分の弱さを話せる場が必要である。

私たち牧師は、自分自身のことで心がいっぱいになっている時、他者の痛みに伴走していくことは困難である。自分自身の心と向き合い、癒される場が自分にも必要であることを忘れてはならない。ナウエンは、牧師は孤独だというのみではなく、積極的に孤独を選ぶべきであるとし、その理由として、牧師の癒しの働きはホスピタリティー（もてなし）だからと述べている。ナウエンの言うところのホスピタリティーとは、見知らぬ人が入ってきて、友をつくる自由なスペースである[注26]。ここで言うところの孤独とは、前述した誰とも心の中の思いを話せない孤独ではない。ナウエンの言う孤独とは、イエスが「朝早く夜があける前にひとりになって祈られた」ように、牧師が一人となって、人をもてなす準備をすることであ

89

第 1 部　論文

る。ナウエンは、私たち牧師が自分の心の中心に自分自身が揺るがない場所を持つなら、関わる人たちが自由に入ってこられる場所を自分の中に作ることができ、そこで彼らは自身の痛みを話すことができるとも述べている[注27]。牧師自身が自分自身を見つめ、揺るがない場所を持つことを積極的に行っていくことが大切である。それと同時に、牧師自身が自分も一人の人間であることを覚え、勇気を持って、無力感、自責の念、後悔、失望感、怒りなど、自分の中で起こっている感情を分かち合える仲間を作っていく必要があることを忘れないでおきたい。

　最近スピリチュアルケアという言葉がよく使われる。「スピリチュアルケアとは、その人が何を語るのかと同じ程度に、その人はどんな人なのかということによってもたらされる。スピリチュアルケアとは、単なる行為ではなく、その人の生き方にも関わる」[注28]という言葉が私自身の体験と重なる。霊的痛みの分析も大切であるが、牧師にとって大切なことは、自分を支えてくださる神様の働きに自分を委ね、傷んだ裸の魂を前にただただ "not knowing"（なにもわからない、なにも知らない、だから教えてください）という姿勢で寄り添い、自分自身が出会った神様を自分の存在を通して伝えていくことではないだろうか。

注

（1）　本稿に載せている例話は、本人の了承のもと個人が特定されないように記述したものである。

（2）　高橋祥友『医療者が知っておきたい自殺のリスクマネジメント　第2版』医学書院、2011年、7-8頁。

（3）　内田千代子「21年間の調査からみた大学生の自殺の特徴と危険因子──予防への手がかりを探る」『精神神経学雑誌』第112巻第6号（2010年）543–560頁、https://journal.jspn.or.jp/jspn/openpdf/1120060543.pdf（2018/12/19 オンライン）

（4）ゴードン・マーセル監修『キリスト教のスピリチュアリティ――その二千年の歴史』青山学院大学総合研究所訳、新教出版社、2006年、386頁。

（5）同上、387頁。

（6）Ash Beckham, https://www.upworthy.com/a-4-year-old-girl-asked-a-lesbian-if-shes-a-boy-she-responded-the-awesomest-way-possible?c=ufb1（2018/12/19オンライン）

（7）https://en.wikipedia.org/wiki/Lean_on_Me_(song)#Background_and_writing（2018/12/19オンライン）

（8）市瀬晶子・木原活信「自殺におけるスピリチュアルペインとソーシャルワーク」『ソーシャルワーク研究』38巻4号、ソーシャルワーク研究所編、2013年、30頁。

（9）土井健司、榎本てる子、井出浩、李政元「日本プロテスタント教会教職者への『自死に関するアンケート』の結果報告」、第三節「自死予防に関連した相談の経験について」（井出浩）、『関西学院大学神学研究』第58号、関西学院大学、2011年、151–154頁。

（10）Anton Boisen, *The Exploration of the Inner World: A Study of Mental Disorder and Religious Experience*, Willett, Clark & Company, 1936, cited by Charles V. Gerkin, *The Living Human Document: Re-Visioning Pastoral Counseling in a Hermeneutical Mode*, Abingdon Press, 1984, p.37.

（11）Bonnie J. Miller-McLemore, *Christian Theology in Practice: Discovering a Discipline*, Eerdmans, 2012, pp.25-69.

（12）W. E. オーツ『現代牧師論――牧会心理学序説』近藤裕訳、ヨルダン社、1968年、274–279頁。

（13）William R. Miller & Kathleen A. Jackson, *Practical Psychology for Pastors*, Prentice Hall, 1985, pp.40-42.

（14）Burrell David Dinkins, *Narrative Pastoral Counseling*, Xulon Press, 2005, p.35.

（15） R. Scott Sullender, *Ancient Sins ... Modern Addictions: A Fresh Look at the Seven Deadly Sins*, Wipf & Stock, 2013.

（16） 平本あきお『必見！　心理学講座　アドラー心理学とは』https://www.youtube.com/watch?v=24d9zbKIRxA（2018/12/19 オンライン）

（17） 同上。

（18） ヘンリ・ナウエン『静まりから生まれるもの——信仰生活についての三つの霊想』太田和功一訳、あめんどう、2007 年、46 頁。

（19） 下園壮太『自殺の危機とカウンセリング——自殺念慮への対応とディブリーフィング』金剛出版、2002 年、54–57 頁。

（20） Miller & Jackson, *Practical Psychology for Pastors*, p.201. 自死の危険因子に関する情報源は James C. Coleman, James N. Butcher and Robert C. Carson, *Abnormal Psychology and Modern Life*, 7th ed., Pearson Scott Foresman, 1984; Maurice L. Farber, *Theory of Suicide*, Funk & Wagnalls, 1968〔ファーバー『自殺の理論——精神的打撃と自殺行動』大原健士郎・勝俣暎史訳、岩崎学術出版社、1977 年〕; Norman L. Farberow and Edwin S. Shneidman, eds., *The Cry for Help*, McGraw-Hill, 1961.〔ファーブロウ、シュナイドマン『孤独な魂の叫び——現代の自殺論』大原健士郎・清水信訳、誠信書房、1969 年〕

（21） 藤原俊通・高橋祥友『自殺予防カウンセリング』駿河台出版社、2005 年、18 頁。

（22） 下園壮太『自殺の危機とカウンセリング』、97 頁（高橋祥友『群発自殺——流行を防ぎ、模倣を止める』中公新書、1998 年より引用）。

（23） 同上、48–49 頁。

（24） 同上、82–84 頁。

（25） Gary L. Harbaugh, *Pastor as Person: Maintaining Personal Integrity in the Choices and Challenges of Ministry*, Augsburg Publishing House, 1984, pp.83–100

（26） Henri J. M. Nouwen, *Reaching Out: The Three Movements of the Spiritual*

Life, Doubleday, 1986, p.71.〔ヘンリ・J・M・ナウウェン『差し伸べられる手──真の祈りへの三つの段階』三保元訳、女子パウロ会、2002 年〕

(27) *Ibid.*, pp.102–106.

(28) エリザベス・ジョンストン・テイラー『スピリチュアルケア──看護のための理論・研究・実践』江本愛子・江本新監訳、医学書院、2008 年。

本書 70 頁

LEAN ON ME

Words & Music by Bill Withers

© Copyright by INTERIOR MUSIC CORP.

All Rights Reserved. International Copyright Secured.

Print rights for Japan controlled by Shinko Music Entertainment Co., Ltd.

第1部　論文

第1部　初出一覧

人としての牧師──市民社会の課題を担って
　（初出：辻学・嶺重淑・大宮有博編『キリスト教の牧師　聖書と現場から──山内一郎先生献呈論文集』新教出版社、2008年）

牧会カウンセリングの現場における「聴く」ことと癒し
　（初出：『癒しの神学──第43回神学セミナー「心の病の理解と受容」』関西学院大学神学部ブックレット2、キリスト新聞社、2009年）

HIVカウンセリングの現場から──「スティグマ」からの解放を目指して
　（初出：『福音と世界』70-6、新教出版社、2015年6月）

自死念慮者に対する牧会ケア
　（初出：土井健司編『自死と遺族とキリスト教──「断罪」から「慰め」へ、「禁止」から「予防」へ』新教出版社、2015年）

94

第2部　メッセージ

てる子さんが教えていた関西学院大学神学部では、月曜日から金曜日、10 時 35 分から 30 分間の礼拝がささげられている。神学部生を中心に 20 名程が集う。ここに掲載するメッセージはその礼拝で語られたもの。当日は呼吸がかなり荒く、途中、息切れする場面もあった。

第 2 部　メッセージ

関西学院大学神学部シリーズチャペル
私にとっての神

人生は神さまに出会えた

（マルコによる福音書 15 章 33–39 節）

2017 年 7 月 5 日

　おはようございます。こんな座った形でお話することをお許し願いたい
と思うんですけど。今日は「私にとっての神さま」ということで、お話を
させていただきたいと思っています。私は今カウンセリングの現場にいま
す。その現場で、宗教をもっている人たちには、「神さまのイメージ」を
聞くことがあります。「そのイメージが、あなたとあなたの神さまとの関
係にどのように影響していますか？」って。そこからお話を進めていくこ
とがあります。
　カウンセリングの現場というのは、「プロジェクション」と言って「転
移」が起こるんです。今まで自分が人生のなかで持ってきたいろんな課題
が、今現在の自分の人間関係に影響を及ぼしたり、例えばそれがカウンセ
ラーに影響したり、それがひょっとしたら神さまにも影響してくる。そう
いう意味では全部つながっていて、そういうなかで「この人は何を手放し

たいのか？」ということを探っていく作業をします。そして、その話のなかで自分と神さまとの新しい関係を理解していく。頭で理解するだけではなくて体験していく。カウンセリングのプロセスのなかで、こういうことが行われるわけです。

　私が以前、カナダにいた時の患者さんなんですけど、この方は神さまのイメージを描いてくれました。この方はトランスジェンダーで、内科に入院しておられて、その時に自殺願望症とか多重人格症とか、胃潰瘍で入院してこられたんですけど、いろんな背景を持っておられて、毎回行くたびに詩をくれるんです。けれどその詩、ポエムには人間が一切出てこない。「私の友達は動物」みたいな、そういうものばっかりだったんですね。最後の方に、その人に「神さまのイメージはどうですか？」と聞いたらこの絵を描いたんですね（右図参照）。

　耳、結構大きく書いているでしょ。「神さまは大きな耳を持っているんだ」と。「神さまは口から出る言葉だけじゃなくて、心の叫びを聞いてくれるんだ」って。そんなことを呟きながら描いてくださったんですね。そして、その後に「神さまは泣いてるよ」「神さまは人間を見た目とかそんなもので判断するのではなく

て、本当に人間の心を見てくれる」「人間は見た目とかやってることで判断するけれど、神さま泣いてるよ」ということをおっしゃられて、「あなた日本に帰るけれど、退院したら遊びに来て」と言われました。ま、カウンセラーは本当は行ったらいけないんですけれど、家まで押しかけて、いろんな話をして、この人は人間として付き合った方がいいんやろう、とい

うことで付き合った人なんですね。この人の神さまのイメージっていうの
は、今まで自分の親子関係とかいろんなもので得られなかったこと、「本
当はこういったものが自分は欲しいんだ」という願望、そういうものを象
徴した絵だったのかなと思うんですね。

* * *

今日はみなさんに「私の神さまとの出会い」をお話させていただこうか
なと思います。ちょっと息が切れかかって悪いんですが、私にとっての神
さまについて。私はこの三位一体というのがチンプンカンプンっていう
か、神学部でみんなと勉強しているときは、「うーん、三位一体ねぇ」と
か言うて分かったフリをしておりました。「神と、イエスさまと、聖霊は
別々のなんとかで……」「別々だけど一体なんだ!」とか言うて、なんか
分かったフリをしていたけれど、ね?　みんなもやりますよね。でも全然
実感なかった。私にとっては、もうイエスさまはスーパーヒーロー。昔は
解放の神学が盛んな時だったんで、イエスさまがカッコよくてカッコよく
て、「イミタチオ・クリスティー」「イエスに従いて倣いて!」っていうの
で、イエスさまは憧れのウルトラセブンのような、私にとってはそういう
人だったんです。

次は聖霊です。聖霊は昔小学校の時に、あの、教会学校で舌が降りてく
る写真とか見せられて、とても怖い。なんか舌が降ってきて怖い、わけが
分からない。鳩とか、これもチンプンカンプンの領域に入っていたんです
ね。分からない。一番怖かったのが、神さま。神さまは私にとっては鬼瓦
のように怖くて、そして冷たく "去るさる"（編注：猿が去るというダジャ
レ）。去っていくそういう存在で、ものすごくもうある意味嫌いな存在だっ
た。怖い存在。だから三位一体なんていうのはあり得なかったんですね。
で、それが何でかなって。イエスさまは好きなのに、神さまは嫌い、聖霊
チンプンカンプン。どうしよう……。それでも知らないふりして、説教と
かでは「三位一体が!」とかいうのを、28歳くらいまでやっていたんで

人生は神さまに出会えた

すけれども、カナダに行った時に自分の限界を感じました。

カナダでの生活で気づいたのは、鬼瓦のように去っていく神さまのイメージというのは、私にとっては「父親」（榎本保郎牧師、1925–1977）だったんですね。父親がアメリカで亡くなった時、私は中学3年生です。父がアメリカへ伝道旅行に行った時に、飛行機の上で喉の静脈瘤が破裂して、その後、2週間アメリカで入院して天に召されました。私にとって父親というのはどういう存在であったかというと、父親がアメリカに行く前日に、父と大ゲンカして殴られているんですね。これが私のなかで自分の人生にたぶんフタをした瞬間だったと思うんですけれども。その時私が、ちょっとしたしょうもない嘘をついただけなんですけど、それに父が怒ってですね。父親は叩いて、私は泣いて逃げて、その次の日に父親はアメリカに行ってそのまま死んでしまったっていう。自分のなかでは父親との思い出っていうのは、鬼瓦のように追いかけられてしばかれた、というなかで、何か怖い、本当になかなか辛い思い出があったんですね。「拒絶」というのがここにありました。それと同時に、私にとって父との思い出ってあんまりないんです。

父親は牧師なんですけれども、いつも伝道旅行に行ってるし、家族の団欒とかはないし、父が家に帰ってきたら、必ず夕ご飯の時に直前になるとピンポーンと鳴るんです。信者さんとかが来て一緒にご飯食べるんですが、だから家族でご飯とかってあんまりなくて、家族で旅行したこともないと言っていいくらいないんですね。だから、父親というのは私にとっては去っていく人。"去るさる"じゃないけども、本当に見捨てられたという思いが強くて、そういう意味では私は父親的な存在の人になんかこう見捨てられたくないということで、権威にこびたり、権威者ってなると自分が硬直するというような、そういう反応が昔からあったなって。で、男の人の前では本当に自分自身を繕わないといけない。それは無意識だったんですけれども、カナダの病院実習の中でそういうフタが開き出して、これはカウンセリングを受けないとやっていけへんと。もうこんな自分が嫌やと

99

第2部　メッセージ

思ってカウンセリングを受けることにしました。

＊　　＊　　＊

　最初のカウンセラーの先生はゲシュタルトで有名な先生でした。ゲシュタルトっていうのはその人になりきっていろいろ話してくれるんですけれど、先生が「私を父親と思いなさい」とか言って、「ハイ」とか言って、「じゃあ、最後の思い出を言いなさい」って言われて、「父親が私をしばきましてねぇ、本当に父親にしばかれて辛いんですよ」ってちょっと泣いたんです。そしたら手を握られて、その先生が「ザッツオーライ、ザッツオーライ」「大丈夫だよ、大丈夫だよ」と言ってくれて、ちょっと目を開けた途端に、「お父さん英語しゃべれへんかったな」と思って、このカウンセリングはダメ。全然効かなかったんですよ（会場笑）。

　で、次に受けた先生が、ラバイ、ユダヤ教の祭司の人。その人はめっちゃすごい人で、イマジネーションセラピーをやるんですね。どういうことかというと、「スプリング（泉）を描きなさい」とか言われて、「はーはー」言うて、「お父さんがしばいているシーンを思い浮かべなさい」と。「はい、お父さんが私を棒でたたいています」「ほんならその棒を取り上げなさい」「はいはい」「その棒を取り上げてどうするんだ」「父親をしばき返します」とか言って。「しばき返して、日本語で言いたい放題やりなさい」と。「見捨てやがって」「ばかやろー」とかいろいろ言って、めっちゃすっきりしたんですね。そして、めっちゃ泣いて泣いて、泣いた目を開けた瞬間、先生がキョトンとしていたんです。先生何を言うんかなと思ったら、「お父さんどんな顔してる？」って言われたんですね。で、お父さんがどんな顔をしているのか、思ったこともなかったんですけども、パッと浮かんだのが、肩を落として「すまなんだな……」と言ってる顔が浮かんできたんですよね。その時に私のなかで思い出したのが、お父さんが私に2回くらい手紙をくれたことでした。

　お父さんが伝道旅行に行っている時に、私はちょっと荒れまくっていて

母親に家庭内暴力をしてて、お母さんが電話をして訴えたみたいです。中学1年生の私に書いてきた手紙なんですけども、それもいつもらったかも覚えていない、もらってどう思ったかも覚えていないんですけど、その手紙を発見したんです。それを読み返してみました。「てる子、今は夜中の2時だ。お前のことが気になってもう寝られない、神さまに祈った。お前は結局いろいろ勝手にお母さんにめちゃくちゃなことを言ってるやろ」ということを言ってるんですけども、次の手紙のなかに、「お前は本当にお父ちゃんとお母ちゃんがお前を軽んじていると思うんやったら、ちゃんとやることやって、それを知りなさい。決して、お父ちゃんはお前だけを悪いと思っているんじゃない。お前が世界で一番好きだ。お兄ちゃんもお姉ちゃんも好きだ。一人で旅行して、一人でこうベッドに寝ている時、いちばん心にかかるのは、お前たちのことだ。時々、飛んでいって頭を撫でてやりたいという風に思うこともあるんだ」と書かれていたんです。この手紙を読んだ時に、私たちを置いていく父親もすごい寂しかったんやろうなというのも思ったのと同時に、あのアメリカの地で私たちを見ながら死んでいった父親っていうのも本当に悲しかったと思うし、辛かったと思うし、本当に寂しかったんやろうなと思った時に、私自身、父親は私を見捨てたんじゃないんやなって、怒ってくれたのも愛情だったんやなと、あの時に感じることができるようになったんです。

　その時なんです、私、この聖書の箇所の読み方が変わったのが。今日読んでもらった聖書っていうのは、私にとっていちばん嫌いなとこやった。なんでかというと、イエスさまが自分の息子がもうほんまに十字架刑で死にかけて、もう助けてーやーと言って泣きながら言って、「わが神わが神、お父さんお父さん、私をどうして見捨てるんですか」って叫んでるのに、何も起こさずに、お父さんやったら救いに来たらいいのに、見捨てて、淡々とイエスさまは死んでいくわけです。イエスさまはカッコいいです。私たちのために死んでくださる。でもなんて冷たい見捨てる神なんだと思っていたんです。ところが、そこの次の所に、「神殿の天幕が裂け

101

第2部　メッセージ

た」っていう表現があって、それは神が現れるということの象徴だってことを知ったんですね。その時に、このプロセスのなかに心を痛めながら、自分の息子が死んでいく姿に心を痛めながら、そこにいてくださった神さまがいたんだということを感じました。

　今日は朝、聖書（哀歌3:22）を読んでいた時に「神の慈しみは絶えることがない」とありました。慈しみについて、私の父親が書いていたのは（『旧約聖書一日一章』）、「神の愛っていうのは見捨てない、どんなことがあっても見捨てないっていうことなんだ」ということで、とことん私たちの本当にすべての苦しみを負ってくれるんだよと。どんな時にもあんたは一人じゃないんだよ、っていうことを自分の子どもを送りながら、淡々とバカにされて、人間のすべての苦しみを負う姿を涙を飲んで見ながら私たちに示してくれた神さまの愛って、すごいなって思った時に、私のなかで「こりゃすごいわ」って、神さまが鬼瓦じゃなくなった。"去るさる"じゃなくなった。本当に、私たちのどんな時にも共にいてくださるんだっていう神さまを確信することができた。私にとっては、この自分の父親との関係の和解っていうものが、神さまとの関係の和解っていうものにつながりました。

＊　＊　＊

　イエスさまに従う、めっちゃカッコいいです。でも私たち人間には限界があります。で、その限界がありながら、本当に神さまに祈りつつ人に関わっていく時にですね、私、いっつも経験するのが、不思議な力と不思議な導きです。きっとそれが聖霊なんだなというふうに思うんです。不思議な力、あんたには、人間にはできないけれど、私がついているから、一緒に神さまが神さまの時に起こしてくれるものを共に味わいましょう、っていうことを感じさせてくれるっていうのが、まさに聖霊なんじゃないかなっていうことも思えるようになったんですね。なんか私のなかでの三位一体っていうものが、こう一致するようになったんですね。私はこの癒し

人生は神さまに出会えた

の旅がなかったら、父親との思い出って一切ありませんでした。もう怖い顔と、死んでいく、腹水が溜まってうなっている父親の顔しかなかったんですけども、だんだんだんだん、いろんなこういうこともあったんやなっていうのを思い出し始めたんですね。

　これは私たちが今治教会にいた時の写真です（スライドショー、上掲写真参照）。こういう写真を見てても、家族やったんやなって。こうやって子どもを抱いて、父親も牧師しながら愛してくれていたんだなっていう風に思ったり。ま、子どもやから分かっていなかったと思うんですけど、そういう思い出もありがたく思えるようになりました。私の父親と母親が笑顔ってあったんだな……、鬼瓦でなかったんやな……、日常ってあったんやな……。そういうことすら感じられなかった自分があのカウセリングのお陰で、父親とも一体感を感じられるようになりました。これは教会の副牧師さん、こうやって教会員の人を恨んでました。私に父親のことを、「お父さんこういう人だったよ」と言われて、「あんたらがそんなん言うけど、私らそのために思い出がなかったんや。奪ったのはあなたたちでしょ」と思っていたんですけど、こういう人たちに愛されていたんだなと

103

思いました。これが私たち5人の家族、いろんなことがあったけれども、父親も私たちの家族を心配しながら死んでいったんやろうな。で、神さまが守ってくださるって言いながらも、私の姉に「世話をしてくれよ」という風に言ったそうです。

　私は、神さまのイメージは変わりましたけれども、まだ私にはもう一つ越えないといけない神さまのイメージがあります。私は、無条件に愛してくださる神さまが大好きです。その神さまのことを私はみんなに言います。口では言います。でも実感がまだできていません。いつも私は条件付きでしか自分を受け入れられない、そのなかで生きてきました。それは何でかなと思った時に、お父さんの手紙のなかに、「荒れていた時、お母さんに死ねって言うて、そんな言葉でお母さん傷ついているやろ。例えばお母ちゃんが心配するほど黙って遅くまで勉強してみなさい。あるいは、食事の準備とか片付けしなさい。それでもお前が無視され軽んじられていれば腹を立てても仕方がない。しかしお前はそうじゃない。何もしないで、ただ（差を）埋めることばかり求めて兄ちゃんと比較している。情けない」とそう書かれていたこの言葉のなかに、私は、「あー、こうしないと愛されないんだな」「お兄ちゃんやったら、たぶんこんなん言われへんやろうな」と思って。だからそういうのが恨み辛みでやっぱりあるんです。それはまだ癒されてません。

＊　＊　＊

　そういうなかで、自分のなかで、「こうしないと自分は愛されない」「何かをしないと自分は愛されない」っていうなかで、今、一番辛いです……。できなくなっていく自分……（涙）。人に、いろいろしてもらわないと生きていけない自分っていうのを、神さまは今こうやって何か与えてくれてるのかなって……。なかなか「助けて」ということが言えないです。私自身が何かをしないと自分は価値がないというふうにずっと思っているなかで、どんどんできなくなって、子どもの、赤ちゃんのようになっていく自

分を、どうやって自分を受け入れていくんかなと思うなかで……。

　でも最近思うのが、昨日もですけど、（酸素）ボンベが落ちたら、知らないどっかの学生が、ひらってくれてですね、持ってきてくれました。だから本当に私自身この病気を通して、自分自身を無条件で愛してくださる神さま、「何もできなくなってもあなたは価値があって大切なんだよ」ということを言ってくれる人たちにたぶん出会わしてくれて、そこを認められるようになれたらな、ということを思いつつ今日はお話をさせてもらいました。

　最後なんですけど、ごめんなさい、ちょっと時間延びてますけども、あのー、最後の絵が……、またないんですけども（スライドが出てこない）。「抱きしめる」ってことを描きました。私にとって、今、望んでいることは、愛せない自分も、それでも自分でいいんだよ、と。そして、その自分をも抱きしめて「エンブレイス」、抱きしめて「それでいいんだよ」って言ってあげられる自分に出会った時に、たぶん、無条件に愛してくださる神さまを実感できるのかなということを思いつつ、今日のこのお話を終わらせていただきたいと思います。

　一言お祈りします。

　神さま、私たちは人生のなかでいろんな思いを持ち、傷を負い、それが親子であったり、また人間関係のなかで傷ついたりして、そしてフタをしながら生きています。でもそのフタをどうしても開けないといけない時を、神さまが与えてくださる時があります。どうか、その時に私たちの傷を癒してくださるあなたを信じ、出会いを信じ、そして、あなたともう一度出会える、その旅を信じて歩んでいくことができますように。傷んでいる人、神さま、どうか癒してあげてください。このお祈りを主イエス・キリストの御名によって御前にお捧げします。アーメン。

第3部　フェイスブックへの投稿

　てる子さんは、亡くなる数日前まで病床で文章を書き、フェイスブックへの投稿を続けた。ここに掲載するのは、2017年8月から2018年4月まで記されたものの抜粋である。経過を追って3部構成とし、冒頭に青木理恵子が若干の説明を付した。

※〔　〕は編者による注。また各投稿に付したタイトルは基本的に編者によるものだが、＊マークの付いたタイトルはてる子さん本人による。

第3部　フェイスブックへの投稿

1　ひとりで立って、共に立つ

2017年8月4日〜2018年2月20日

　　　　　「京都に引っ越そう！」2017年8月15日の受診後、家に帰ると榎本さんはこう言った。呼吸器の医師から肺の状態が悪く、これから1年持つかどうかわからないことを知らされたのだ。その直後は相当なショックを受けていたが、数時間後の切り替えが早かった。そして脇目もふらず不動産検索を始めた。この時の榎本さんにとって京都とは自分を助けてくれる仲間がいるところ、そしてお母さんの家の近くだった。京都市左京区で物件を探し始め、5日後には私が下見に行った。そして1ヶ月後の9月16日に引っ越しをした。（青木理恵子）

　2017年8月4日　**自分と向き合う**

　日本語の「孤独」という言葉は、英語ではロンリネス（loneliness）とソリテュード（solitude）という二つの言葉がある。前者はひとりにさせられた時や、ひとりぼっちになった時に感じる寂しさとしての孤独。後者は自ら選んでひとりになる孤独だと私は理解している。ヘンリー・ナウエンは、「孤独になりなさい」と、ソリテュードを選ぶことの大切さを書いている。ひとりになり、自分の魂と触れ、神さまと対話することが大切だと言う。

静けさの中で人は真実を聴き、そして答えを知る。しかし、多くの人はこの孤独を体験することを恐れる。なるほど、なるほど。静けさの中で今まで誤魔化してきたものが見えてきたり、避けてきた考えが聞こえてきたり……。怖いよなー。でも、たぶんそこに留まる時に、怖さを超えた静けさや平安が与えられるんかな〜と思ったり。よく考えたらイエスさまは、奇跡を起こしたり、人と交わったあと朝早く起きて山に行き、ひとりになったりしておられたよな。ひとりの時間を大切にしたからあれだけのことができたんかな、と。

最近、よくひとりで1日中ベッドにいる。いろんなことを考える。考えると怖くなり、観ないのにテレビの音を聞きながら無理やり寝る。不思議なことに、こんなに不安定でいろんな変化があるにもかかわらず、毎朝聖書と父の『一日一章』読んでお祈りするという日課に全然気持ちが入らない日が増えている。何でできないんやろ？と考える。きっとソリテュードを選んで真実と向き合うのが怖いんだろうなと。でもこころのどこかにソリテュードを選びたいという思いもあって、葛藤中。揺れに揺れる自分に素直になろうと……。

元気な時は、忙しくてソリテュードを選ばなかった。じゃあ、いつ選んだかな？と考えると、私にとってロンリネスとソリテュードを同時に味わったのは、カナダ留学やったかな。そこで自分に出会い、人を通して働いてくださる神さまに出会うことができた。人の思いやりの素晴らしさにも感謝したなぁと思い出し、またあの原点に戻っていろんなことを今の私の状況の中で感じたいなぁと。

1日中ベッドの上で過ごす日。ヘンリー・ナウエンの「ソリテュード」は、日本語では「静寂」と訳されてたかな。その言葉がこころに入ってきた。何気ない日にメールをくれたり、花を贈ってきてくれたり、いろんな人が "you are not alone"〔あなたはひとりじゃない〕と伝えてくれている。ありがとう。静寂の中で、自分の魂の声と向かい合う勇気が持てますように！

2017年8月15日　**仲間と見る夢**

　今日は自分の生き方、人生を考えなければならないことを突きつけられた日だった。私たちはこのところ大きな夢を持って、神さまに道が開かれますようにと祈りつつ準備をしていることがある。それは、国籍やジェンダーなどを超え、障がいや病気を持つひとり暮らしの人が安心してコミュニティの中でつながりを感じながら最後まで生きていける場をみんなで作るという夢。私自身が病気になり、いろんなことができなくなりつつある。そんな中で私自身、助けを必要とし、最後までコミュニティの中でつながりを感じながら生きていきたいという思いも強くなってきている。自分がまず対象者なんかなーと。

　カナダにいる時、トロントにあるエイズホスピスで3ヶ月間チャプレンの研修を受けた。1990年代、家族から拒絶されひとりで亡くなっていく人たちの最期を看取るホスピスだった。このホスピスの設立者のひとり、ジャーナリストのジューン・カルウッド（June Callwood）は自分の友達をガンで亡くしている。その時、友人同士で助け合って最期を看取った経験もホスピス設立の動機になったようだ。またケイシーハウス〔1988年にトロントに設立されたカナダで唯一のHIV/AIDS専門のホスピス。HIVを治療する薬が開発されていなかった時代に設立された。偏見によって傷ついた人たちを愛を持って受け止め、話を聞き、理解し、必要な援助を提供する中でひとりひとりが尊厳を持って人生の最期を迎えることができる環境を作り出した。現在もカナダで唯一のHIV/AIDS専門の病院として規模を広げ、末期患者の受け入れ外来診療やアウトリーチなど、包括的医療サービスを行っている。〈https://www.caseyhouse.com/〉〕は、交通事故で亡くした息子ケイシー（当時20歳）の名前をとって付けられている。1980年代の後半に建てられたこのホスピス、大変な時代だったと思う。

ケイシーハウスの設立者たちは「すべての人は尊厳とコンパッション（私は「愛」と訳します）をもってケアされなければならない」という信念を持って、家のような環境で最期の時を過ごせる場所を作ったそうだ。ひとりの人との出会い、関係性から生まれたこのホスピス。ひとりから始めることも大切かなぁと思った。
　さて、私たちの夢はどこに向かうのか、楽しみだ。バザールのスタッフはこの盆休みにガイドヘルパーの資格を取りに行ったそう。また新しく頼れる仲間が京都にいることがうれしい。ありがとう。

2017年8月19日　拡大家族

　今日、明日と青木さんは女性交流会で外泊。今の私はひとりでは生活できなくて、同女〔同志社女子高校〕へ毎週説教に行っていた時の悪ガキたちが助っ人として来てくれている。ご飯作ってくれたり、背中さすってくれたり、泊まりがけで来てくれている。昔話をして、ほんまに人生の季節、春・夏・秋・冬を経て、大きく成長したなーと思うと感無量だった。まだ中学生のあんたらと出会った時には、こうやって足揉んでもらったり、世話になるとは思ってなかったなーと話していた。人生何があるかわからんなー。
　私は牧師の家庭で育った。いつも人が家にいて、家族だけでご飯を食べた記憶があんまりない。家族だけで旅行したこともないし、いつも誰かと一緒。両親が長期でアメリカやブラジルに伝道旅行する時は、毎日幼稚園の先生や教会員が日替わりで泊まりにきてくれたり、信者さんの家に預かってもらったりしていた。最近まで、自分には家族の団欒がなかったことを恨んだり、自分がいろんな人に愛されるため必死に生きてきたことの原因は、そうやっていろんな人に預けられて、絶えず人の目を気にしながら生きてきたからやろなーっと思っていた。でも今こんな状況になって、

家族だけでなく友達が家族のように助けてくれたり、多くの人がお祈りしてくれたり、メッセージくれたり、愛を感じる。真剣に話を聞いて相談に乗ってくれる上司、医療従事者、本当にいろんな人に支えてもらっている。その愛を素直にありがとうと受け入れることができるのも、幼い頃に家族だけが家族やないんやということを両親や世話をしてくださった人たちが生活を通して教えてくれて、本当にあの時、愛をくださっていたからなんだって思えて、感謝の気持ちになった。「ありがとう」としか言えない。

　父が死を覚悟しながらも伝道することを選んだ時、私は反対した。父に向かって、「そんなんやったら結婚せんと子ども作らんかったらいいねん」と言ったように思う。父は悲しい顔をしてた。父が死に、私が神学部に通っていた頃、姉が自分宛に送られてきた父の手紙を見せてくれた。内容は詳しくは覚えてないけど、姉に頼りない母をお願いしていたことと、自分が死んだ後も神さまが家族を養ってくれると信じている、という内容やったように思う。祈ってくれてたんだなと思った。

　カナダにいる時、"extended family"（拡大家族）という言葉を習った。血のつながりだけが家族ではなく、その人が大切だと思う人も家族だという考えで、特にあの時代、ゲイでHIVでターミナル〔終末期〕の人たちが病院やホスピスで看取ってもらう際に、パートナーにも権利があるということを保証するために用いられた概念だったように思う。私は今までの人生を振り返って、本当に人に恵まれ、支えてもらい、育ててもらい、またお互い助け合ったり喧嘩したり、いろんな時期を過ごしてきた。拡大家族の存在があったことをほんまによかったなぁと思う。愛し愛される中で人は生きていける。だからこそ、そんな共同体が自分の周りに、またいろんな所にできたらいいなと思う今日この頃。

　最後に。最近母がきて、私の横でベッドに寝ながら「家族の団欒がなかったよね」と話した。こんな風に昔話ができたのは奇跡かな。なんか過去と和解し、母と和解し、自分と和解できる日がうれしい。次は何を感じるのかな。できる限り自分に正直に感じたことを記録していこうと最近思う。

1 ひとりで立って、共に立つ 2017.8.4〜2018.2.20

 2017年9月10日　生きる道しるべ

　皆さん、たくさんの誕生日のメッセージありがとうございました！ とっても嬉しかったし元気をいただきました！　皆さんの温かい気持ちに、からだもこころも癒されてます……。また、個人的なメッセージは引っ越しが終わってから徐々に。

　今日は、皆さんへのお礼として私が30年前にカナダで出会った素敵な詩をアップしますね。前にもアップしましたが、読むたびに引っかかるところが変わる不思議な詩です。今の私には最後の部分かな。人生は走るのではなく味わうもの。そんな1年にしたいです。ひとつひとつの出来事、出会い、交わりを大切にしたいです。

　GOGOパーティー〔2017年9月23日、てる子さんの55歳の誕生日を記念して「榎本てる子生誕祭〜これからもイケイケGOGOパーティー〜」が行われた。当日会場となった京都のバザールカフェには、てる子さんを祝うため各地より300人以上もの人が駆けつけた〕、健康で天気も晴れて、たくさんの人が再会したり新しく出会ったり、つながれる会になりますように！　楽しみにしてまーす。

　カナダにいた時、へこんだり、落ち込んだり、自信がなくなったり、自分が小さい存在に思って動けなくなったりした時、ふとデパートで見つけた詩「A CREED TO LIVE BY」（by Nancye Sims）を読んで力をもらいました。私の宝のひとつを紹介しますね。私の訳はいけてないかも！

ナンシー・シムズ「生きる道しるべ」　（榎本てる子　訳）

　人と比較することで、自分をむやみに低く評価してはいけません。
　私たちひとりひとりは違っていて、それぞれに特別なのですから。

113

人が大切だと定めることに自分の目標をおいてはいけません。
なぜなら、自分にとって何が一番いいかを一番知っているのは自分だ
　　からです。
自分にとって大切なものが当たり前にあるように思ってはいけません。
それらなしでは、人生は無意味であると思うほど大切にしましょう。
過去にこだわってばかりで、未来を望むばかりで、人生を取り逃して
　　はいけません。
1日を一生懸命生きることは、すべての自分の人生を一生懸命生きる
　　ことにつながります。
もしあなたが何かまだ与えることがあるうちは、あきらめてはいけま
　　せん。
あなた自身があきらめるまで、本当の意味ですべてのことは終わって
　　いないのです。
自分が完全でないと認めることを恐れてはいけません。
自分の弱さを受け入れることがお互いを受け入れ合っていくことにつ
　　ながるのです。
失敗を恐れてはいけません。
失敗を恐れずに挑戦していく時、
私たちは勇気を持つということがどのようなことかを学びます。
愛を見つけることができないと言って、自分の人生から愛を閉め出し
　　てはいけません。
愛されるための一番早い道は、愛することです。
愛を失う一番早い道は、その愛に固執することです。
愛を保つ一番いい道は、愛に翼を持たせることです。
夢を捨ててはいけません。
夢をなくしてしまうことは、希望を失うことです。
希望を失うことは、生きる目的を失うことです。
どのような人生を歩んできたのか、

これからどのように人生を歩んでいくのかがわからなくなるほど、走るように人生を歩んではいけません。

人生は競争ではありません。

人生とは、その中で起こるすべてのことを味わいながら歩む旅なのです。

 2017年9月13日　自分と、他者と、神さまと出会う

「ひとりで立って、共に立つ」——この言葉は、ずっと前に亡くなったクリスチャンの友の言葉。彼は、元気な時にいろんな人権問題に関わってきた人。しかし病に倒れ、自分自身と向き合わなければならない中で、痛みや病からくるいろんな思いと直面し、私たちに話してくれたのがこの言葉だった。今までいろんな問題と関わってきたけれど、今の自分は「痛みやさまざまな苦しみと向き合っている人たちの叫びを、前とは違うように感じ、共に立つということに、よりリアリティを感じるようになった」と話していたのが私のこころに深く残っている。

最近、自分事で揺れ動く日々を送っている。ある時は気持ちが前に進んだり、ある時は不安に襲われ、恐る恐る人生を見たり、揺れ動く。揺れに揺れる自分を知ることにより、今まで関わってきた人たちの顔が浮かぶ。人が発する言葉の背後には、発せられていない迷いや揺れや願いや、いろんなものが含まれているんだろうな。そんな揺れ動く気持ちも含め、自分と出会い、他者と出会い、神さまと出会える日を送りたいなぁと、今は思っている。

昨日は、なんとも言えない思いを上司に吐露した。何も言わず肩を揉んでくれた。なんか安心した。言葉もまなざしも温もりも、実際にいろいろ助けてくれたりする行為も、すべてが大切なんだなぁと思った。「ひとりで立って、共に立つ」。この言葉を私の人生でも味わいたいなぁと今日は

思った。なんか体調が悪くて、教会でのご奉仕を頼まれてもなかなかできない日々が続いていてフェイスブックに神がかったことばかり書いてしまいますが、たぶん感じてることを分かち合いたい思いでいっぱいみたいなんで、お付き合いくださいね。

 2017年9月16日　**京都へ引っ越し**

　約10年間お世話になった吹田の家も今日で最後。明日には古巣の京都に引っ越し、家族や友人に助けてもらいながら新しい生活をはじめます。私は体調もあり引っ越しの準備もできず、はなさん、ひろた、たるいを中心に小さな断捨離をしてくれて、ほんまに感謝。今は急に呼び出した解体専門の友人が電気やいろんな力仕事をやってくれてます。明日からは京都。母と姉やいっちーがきてくれます。鍵渡しや酸素の設置にははっちゃんがきてくれて、毎週教祖様が胸に手を当てにきてくれました。
　自分が何もできなくなっていく中で、無力感や情けない思いもありましたが、その分いろんな人の助けを受けて生きていくこと、大切な時間をその人たちと過ごしゆっくり話ができること、その存在自体に癒されること、とてもうれしいです。走るように生きてきた人生。私にとって何が大切なことなのかを考える今日この頃。1日1日を家族や友人と時間を過ごしたり、夢を話したり、笑ったり、泣いたり、腹を立てたり、いろんなことを味わいたいと思っています。京都に帰れる。自分にとって京都は帰る場所なんだと。皆さんありがとうございます。

 2017年9月21日　**医療チームとのミーティング**

　今日は、私にとってとても大切な日だった。1ヶ月ほど前に自分のから

だの状態について知り、仲間がいる京都に引っ越し、大学の授業についてもいろんな配慮をいただき、病院も決まってないのに京都に引っ越し、不安な日々を送っていた。京都では主に在宅医療を受けることになり、今日はお世話になる医療機関から医師、看護師が来てくれて今後の話し合いをすることができた。

　初めての在宅中心の医療。これまで病院中心で診察を受けていただけに、どんな風になるのか分からなかったけど、チームのスタッフさんが私の顔を見て話をちゃんと聴いてくれる姿に安心して涙が出てきた。「一緒にやりましょうね。24時間対応しますから、なんかあったら連絡してください」と。大きな病院とも連携してくれるみたいで、予約も取ってくれるみたい。なんかホッとした。

　週に1度の往診、週に2回の訪問看護、呼吸器リハビリテーション、歯科往診、ほんと手厚い医療を受けることができそうだ。心細い中、医療者が「一緒にやっていきましょう」と言ってくれたのがほんとにうれしかった。この1ヶ月、不思議な導きを感じる。快適な新しいマンションもトントンと決まり、みんなのおかげで引っ越しも終わり、大学の皆さんにも本当に配慮してもらい、学生さんたちもいろんな思いを持ちながら理解してくれて、3月まではがんばろうっていう思いになれた。そして医療体制も決まり、これからは1日1日を大切に生きていくということをしていきたいな。GOGOパーティーも、皆さんとの出会いに感謝できる、そんな時間になりますように。

 2017年9月24日　**GOGOパーティー！**

　皆さま、昨日は私のGOGOパーティーにいろんな所から駆けつけてくださり、本当にありがとうございました。私の人生の中でこんなに素晴らしい日を皆さんが作ってくださったこと、一生忘れられない1日になり

ました。

　最近体調がよくなく、いろんな状況が変わってきています。何でこんな
になってしまったのか、神さまなぜ？　と問う日も多々ありましたが、最
近はこのことを通して神さまは何をなさろうとしておられるのかを考えら
れる日も増えてきました。私のそばにいてくれてるちえちゃんが、「なー、
てるちゃん、クリスチャンでない私が言うのもなんやけど、神さまに委ね
たら」と。この人に言われたら納得するのも関係性なんやろねー。その頃
からこころの中で歌う賛美歌が、「のぞみも消えゆくまでに　世の嵐に悩
む時　かぞえてみよ主の恵み　ながこころはやすきを得ん　かぞえよ主の
恵み　かぞえよ主の恵み　かぞえよ　ひとつずつかぞえてみよ主の恵み」
〔「のぞみも消えゆくまでに」『聖歌』604番〕。昨日はそんな1日だった。

　朝、SWASH（セックスワーカーの人権や性の健康に取り組んでいる団体）
の皆さんからあったかいメッセージとプレゼントがメールで送られてきて
涙。そして、バザールに行くと本当にたくさんの人たちがお祝いにきてく
ださり、ひとりひとりの温かい思いに感謝の涙。ずっといろんな準備をし
てくれてきたバザールのスタッフの働く姿に涙。当日働いてくれた学生た
ちに涙。昔のバザールの仲間たちと今のスタッフが入り混じり、つながり
直している様子に涙。パフォーマンスのために準備をしてくださったしん
ぺーちゃん、甲子園教会の仲間たち、longman、ようこちゃん、ひろえさ
ん、長谷川さん、ずんちゃん、ブブ、れいか、体調が悪くて直接見れず残
念でしたが、ビデオが楽しみ。

　ひとりひとりのメッセージに涙。フェイスブックの記事に涙。遠いとこ
ろ来てくださっているのにご挨拶もできず申し訳ない思いで涙。でも、い
ろんな人がそれなりに出会いつながり、再会を喜び楽しんでいる姿に涙。
ゼミ生は私の体調の話を聞いて、みんなで千羽鶴を折ってくれ涙。関学の
同僚の先生たちも来てくださったり、また関学の違う学部の先生たちも来
てくださったり、今の職場に感謝の涙。書ききれないひとりひとりの顔と
出会いと交わりを思い涙。私の健康を維持するために調子乗りの私を止め

てくれ、おかげで今日はあんまり疲れず。そんな役割を果たしてくれた市橋先生に涙。かぞえよ主の恵み。

　来てくださったひとりひとりが、神さまが私に送ってくださった大切な恵みだと確信できた1日。あんまり泣きすぎて、左目の血管が切れたみたいで充血状態。これまで出会ってきた人たちに元気をいただきました。病気が悪化し、少し人生をあきらめていましたが、もっとみんなと一緒に生きていきたいという思いが強くなりました。神さまのなさること、今の私を通して神さまは何をされるのか、ちょっと楽しみになりました。でも、あたしゃ調子が悪いとすぐ弱気になるんで、その時は愚痴を受け止めてくださいね！

　本当にありがとうございました。昨日という日を私は一生忘れないです。いろんな人がつながり、お互いを支え合って、自分にしかできない働きをそれぞれの場でしていってくれているし、これからもそうなんやろなあと確信しました。遠いところ、またお忙しい中、お集まりくださりありがとうございました。本当にうれしかったです。また、お話もできなかった人たち、申し訳ありませんでした。失礼をお許しください。これからゆっくり歩んでいきます。そしてれいかさん、ちえちゃん、はっちゃんを中心に、人と人とが出会いつながり、人間的な交わりを展開していくバザールカフェのスピリットをみんなが継いでいってくれます。私も生きているかぎり、この世代の夢とミッションを支えていきたいと思います。またバザールカフェで皆さん会いましょう！

　まことに厚かましいですが、健康が回復するようにお祈りください。皆さんは、私の人生の宝です。宝の輪がまた羽をつけて広がり、新しい輪ができますように。準備をしてくれた皆さん、ありがとうございました！自分の誕生日に、私のパーティーを手伝ってくれてた馬場ちゃん、ありがとう！　ハッピーバースディ！　ごめんな、あの時言えなくて。

　ビデオを撮りつづけてくれたドン、いろんな人をつなげてくれたウォンギをはじめスタッフの皆さん。売り子になってくれた学生たち。リカバ

リーパレード〔こころの病や依存症、生きづらさなどから回復の道を歩んでいる人と家族、友達、支援者が「回復は可能」ということを伝えるためにパレードを行っている。関西では2017年9月23日が第2回目の開催だった〕があるのにきてくれた人たち、そして終わってかけつけてくれた人たち。風邪など体調を崩し、私の健康を気遣って、来ない選択をしてくれた人たち。信徒大会を終えてかけつけてくれた人たち。さまざまな所用で、来たいけど来れず、思いを届けてくれた人たち。あったかくて感動の祝電を送ってくださったピートン、小野輝先生、梅崎須磨子先生。書き切れませんが、皆さん本当に大きな愛をありがとうございました。

　また助けてくださいね！　一緒に生きていってくださいね。

 2017年10月6日　**触れる**＊

　先日、在宅診療の渡辺先生が往診してくださった帰り際、一旦部屋から出て行こうとされたがもう一度戻ってこられ、手を差し出して握ってくださった。何も言われなかったけど、私は安心した。また、京都に戻ってから受診している病院の先生方も、必ず触診して聴診器を肺にあて、手を握り状態を看てくれる。私は安心した。

　毎日、なんとも言い難い不安が襲ってくる時がある。何が怖いのかも分からないし、分かろうともしたくない自分。今起こっていることが現実なのか夢なのかも分からないし、分かりたくない自分。そんな時、触れられる。言葉ではなくて誰かに触れる。それは、なんとも言えない感覚を与えてくれる。「大丈夫だよ」と、支えてもらっているように思う。毎日来てくれる市橋さんの手を必ず握る。でっかい手にたくましい腕。安心。触れる、触れられる。言葉はいらない。ただ触れる。触れられる。けれど、触れたり触れられたりするには、相互の信頼関係が必要。関係性をどう築くか。

今読んでいる本、佐藤幹夫さんの『人はなぜひとを「ケア」するのか——老いを生きる、いのちを支える』〔岩波書店、2010年〕。この中で佐藤さんは内田樹の言葉を引用して「『傷つきやすい身体』だけが『傷ついた身体』からの calling を感知できる」「『癒す』仕事にもっとも必要なのは、この『弱さ』が発信する微弱なシグナルをあやまたず聴き取る力だろうと思う」と書いている〔152–153頁。内田樹氏のホームページ2010年2月5日付「介護する力と横浜での驚愕の出会いについて」より引用〕。なるほど。ナウエンの言うところの「傷ついた癒し人」（wounded healer）やな。自分の傷を見ながら相手を癒す。触れる、触れられる。身体的なつながり、こころのつながり、思いのつながり、それらすべてが自分を超えた存在とのつながりを想起させてくれるんやろな。

　DARC の加藤さんが昔授業に来てくださった時「自分には仲間とハイヤーパワーの両方が必要」「仲間によって励まされるが、24時間仲間がそばにいるわけではない」「でも仲間から与えられるものを感じさせてくれて、ひとりの時も力を与えてくれるのがハイヤーパワーだ」と言っていたことを思い出した。

　聖書でイエスさまに必死に触れようとした女性。イエスさまも人に触れる。黙って触れる。最近、不安と何とも言えない怖さを抱える私は、触れることの大切さを感じている。

　GOGO パーティーに来てくださった人たち、祈ってくれている人たち、支えてくれる人たち、皆さんが触れてくださることで、エンパワーされています。ありがとうございます。まだお礼をちゃんと言えてないのですみません。

 2017年10月26日　**生き方を選ぶ勇気**

　京都に戻り、大学病院と在宅治療を中心に治療していくことになった。

第3部　フェイスブックへの投稿

今日は大学病院に来ていろいろな検査の連続。そのたびにインフォームド
コンセントが行われ、同意書にサイン。昨日も歯科で抜歯の際、丁寧な説
明を受けた。最近はもしものことがあった場合どこまで延命をしてもらい
たいかという話をずっとしている。まったくそんなことを考えて生きてこ
なかった私。生命倫理とかいろんなことを学ぶ機会があったものの、自分
事として考えてこなかったことを痛感している。最初はわけが分からず、
心臓マッサージ、人工呼吸などの延命をとりあえずしてもらうのがいいの
かなーと思っていたけど、先生によると私の場合はステロイドのせいで骨
粗鬆症になりやすく、心臓マッサージの際、骨が折れて肺に刺さる場合も
あるとか。私の肺はすでにぼろぼろで「三途の川を渡った人を無理やり連
れ戻すような治療だから、肺の回復力も弱いとずっと寝たきりになる可能
性もある」といろいろな情報をくれる。

　この先生のいいところは、プラス面もマイナス面も話してくれたうえで、
これからも話し合いを続けましょうと言ってくれること、そして丁寧に話
を聞いてくれること。そして最後には、いろいろあるけど人間を超えた力
が働くこともあると言ってくれること。その反面、今の私にとってしんど
いのは、周りにいろいろ言われて余計に選べなくなること。そして選んだ
としても、それをどこか外から眺めている自分がいて、なんかこころがバ
ラバラで自分がほんまにどうしたいのか、わからなくなること。

　かと言って、病気の詳しい情報をネットで調べる気にもならない。HIV
のカウンセリングの中で「医療情報に関しては信頼する主治医から話を聞
くようにして、ネットは見ないようにしてます」と話す患者さんに出会っ
た。私も情報を知りたいけど知りたくない。いつも揺れている。そんな時、
看護師さんがちょっとした会話の中で、同じ病気の他の患者さんがどうし
てるかを参考として話してくれるのは助かる。私にとっては、自分のこと
しか分からないし、漠然とした不安の中に生きている。で、最近思うのは、
インフォームドコンセントを受けて自分の人生をどうしたいのかを決める
時、一番大切なのは自分がどう生きたいのか、何を大切に生きていきたい

のかということ、生き方を選ぶ勇気が必要なんやろな、と。

　今朝の祈りの時に与えられた言葉は「見よ、神はわが救(すくい)である。わたしは信頼して恐れることはない。主なる神はわが力、わが歌であり、わが救となられたからである」(イザヤ書12章2節、口語訳)。この言葉を呪文のように唱えている自分と、不安に襲われ、この言葉も聞こえなくなる自分とを行ったり来たり。このブレブレの人生……。それでも、いっかーと思える今日この頃。やはり私には「しゃーない」という言葉が大切。いろんな変化を自分の中で味わっていきたいな。病気ネタばかりですみません。

　今は、治療という狭い世界の中で生きながらも、出会った医療従事者の方々との会話やその人たちの私に対する姿勢を楽しんでいます。選択肢を提示して選んでもらうのは大切なこと。でも選ぶことはむずかしいし、自分の生き方や価値観は本で学ぶんじゃなくて自分で試さないといけない。むちゃハードやなと思う今日この頃。でもフェイスブックとかで1日1日を選んで生きようとしている人たちの記事を読んで励まされてます。ありがとう。

 2017年10月31日　**日常の中でこそ**

　GOGOパーティーから1ヶ月以上たった。京都に戻ってきてやはり1ヶ月。やっぱり京都は、帰ってきたという感じ。いろんなことが落ち着いてきている。すべてに神さまの導きを感じられる今日この頃。この数週間、卒業生のひとりが毎日のように他愛ないメールをくれる。最初は私の症状が重篤に見え、なんかむちゃくちゃあなたに寄り添っていきたいという熱心なメールがきていて、私はちょっと気持ち的に自分のことに向き合ってないから、こころが引き気味になっていることを伝えたら、彼は、最近は毎日他愛ない話をメールで送ってきてくれる。いつもの下ネタ、いつものボヤキ。そんなやりとりを繰り返す中で、自然と自分の気持ちや神

さまへの思いを吐露している私。やっぱり日常がいい。ある意味で闘病という墓に入り込み、その中で身動きできなくなっていた自分。はかない命にナルシスト的になるだけでじっとしていた自分も、イエスが墓を破って出てきたことを思うなら、やっぱり墓は破るべきものなのかなと。まっ、勝手に自分で墓に入り込んで、もう動けないと思い込んでいたからなんだけど。

　昨日の彼からのメールは、なんかすっとこころにしみてきた。紹介していいと言うので載せますね。彼の弟さんは進行性のガンで20代で亡くなられた。弟さんにも会ったことがあるが、とてもステキな弟さん。そんな弟さんとの話をメールしてくれた。そのあとでキャロル・キングの "You've Got a Friend" という曲を送ってきてくれた。紹介しますね。

　　日常性とつながると思うんですけど、こんな話思い出しました。母親と弟がたしか2回目の入院やったかな、そん時にね、車椅子を押してもらいながら二人で鴨川に行ったんですね。弟は自然大好きやったから。ずーっと黙って、流れる川や、木や、目の前の景色を見てね、彼が母親に言ったんです。「自分がこんな状況になってここに来たときに、なんかもっといつもより目の前の景色がきれいに映ったり、美しく感じたり、感動的な思いになるかと思ったら、何も変わらへん、いつもと同じ景色や」って、そう言ったんですね。そう言ったあとに「それと同じように、神さまが共におられるということもいつも変わらへんことなんやって。ここに来てそう思った」って、そんな話をしたようです。これも日常性ですよね。

　病気も日常、でも病気だけが日常やない。当たり前なんだけどね。昨日はおかんの92歳の誕生日。ねーちゃんと3人でお祝い。おかんが写真見て久々にこころからの笑顔やわ、と。よかった。家族の誕生日を祝うなんて何十年ぶりかな。不思議な導き。病に倒れなかったら京都にいないし、

日本キリスト教団出版局

新刊案内

2019.4

神学者と実践家が和解について語り合うシリーズ、全3巻完結！
シリーズ和解の神学 全3巻《最終回配本》
赦された者として赦す

G.ジョーンズ／C.ムセクラ　岡谷和作／藤原淳賀 訳

わたしたちは、どのようにしたら人を赦すことができるのだろうか。ルワンダ大虐殺で父親と親族を亡くしながらも、アフリカにおいて平和と和解の働きに取り組む牧師ムセクラと、和解の神学を説くジョーンズが、対話をしながら赦すことの重要性を考える。

●四六判・並製・180頁・1,800円《4月刊》

最新刊！

〒169-0051 東京都新宿区西早稲田 2-3-18
TEL.03-3204-0422　FAX.03-3204-0457
振替 00180-0-145610　呈・図書目録
http://bp-uccj.jp
（ホームページからのご注文も承っております）
E-mail　eigyou@bp.uccj.or.jp
【表示価格はすべて税別です】

愛し、愛される中で
出会いを生きる神学

榎本てる子
霊性と牧会カウンセリングの専門家、榎本てる子氏が、2018年春、55歳で天に召された。読者の心に届く論文や説教、そして死の直前まで病床で自らの思いを記し続けた文章をまとめた。「愛し愛される中で、人が変わり、成長し、癒されること」を求めた旅路の記録。
●A5判・並製・208頁・1,800円《4月刊》　**最新刊！**

VTJ 旧約聖書注解
列王記上　1〜11章

山我哲雄
イスラエル三代目の王ソロモンの治世を扱う列王記上1〜11章。そこに描かれる、ソロモンの光と影、様々な人間的思惑を通して、神は大いなる物語をどのように動かしていくのか。申命記史書の泰斗である著者が、旧約のみならず文化芸術に触れつつ解き明かす。
●A5判・上製・458頁・4,800円《3月刊》

井上洋治著作選集 別巻　《CD付き》
井上洋治全詩集　イエスの見た青空が見たい

井上洋治　　山根道公 編・解題　　若松英輔 解説
神の悲愛（アガペー）で満たされたイエスの瞳で見た青空、空の鳥、野の花が見たい。そんなイエスへの道を求めた井上神父が、自然との交感のなかで日本人の感性に誠実に御父への全幅の信頼をもってアッバと呼びかける、「南無アッバ」の祈りの詩がおのずと溢れ出る。
●A5判・上製・252頁・2,500円《3月刊》
◆井上神父による詩の朗読CD付き

こんな時間持てなかった。感謝。いろんなことあるけど、その中に何か意味があることを感じられるこころも大切にしたいって、今日は思っている。明日はまた揺れるかもね。

 2017年11月23日　カウンセリングと牧会カウンセリング

　バザールカフェのフィエスタ〔年に1度開催。カフェの庭に多様なブースを出店し、出会いの場、エンパワメントの場として開かれている〕は、なかなか盛況みたいです。スタッフの宣伝と準備といろいろな人とのバザールカフェのつながりがあったからかな。関学の神学部からもボランティアに来てくれてるみたいです。

　私の方は、家で養生してます。今日は東京から後宮敬爾先生が来てくださり、ほんまにうれしかったです。じっくりと話を聴いてくれて、また先生は牧会の中で「主の祈り」が身にしみてくるという話をしてくれて、お祈りしてご飯食べて帰られました。帰られたあと、マンションの私の部屋から引っ越し以来はじめて見るステキな虹。祈りが聴かれたんかな〜と。ご飯の用意は、朝から市橋さんが来てしてくれて助かります。自分のことをバーヤと呼ぶ92の母も、昨日の晩から足をさすってくれて、父が生きていた時、毎日足を揉み、死んだ瞬間これでもう足を揉まなくていいと安堵した話を笑いながらしました。いい時間です。青木さんはエイズ学会、市橋さんも今から行きます。私も学会行きたかったな〜。でも、みんなで始めたメモリアルサービスが今年も学会の公式プログラムで行われるのがうれしいです。京都でこころ合わせます。

　今日の後宮先生の訪問はほんと学ぶことがたくさんありました。ずっと私の話を聴いて、私が質問したことに対して自分の苦悩を話してくれ、そしてその苦悩とどう向き合っているのかを分かち合ってくれました。そのあと、短いお祈りの中で、私が一番思っていることを言ってくれた。あー、

この人は私の話をしっかり聴いて、それを神さまのところに持っていってくださったという実感があり、うれしかったです。そのあとの虹だったんで。

　カウンセリングと牧会カウンセリングの違いをよく聞かれます。カウンセリングのスキルには「要約する」というスキルがあります。自分がどうその人の話を聴いたかをその人に伝える。要約にもいろんなレベルがあり、トレーニングが必要です。牧会カウンセリングにおいても、その人の話を聴いて、要約の代わりに聴いたことを神さまのところに持っていき、神さまの働きを信じる、ということが大切なように思いました。自分も一生懸命相手を思い、相手が何を望んでいるのかを知り、自分にできることと自分を超えた方が必ず働いてくださることを信じ、相手の思いを伝える。今日その姿を後宮先生に見ました。ありがとうございます。

　昨日のゼミは、みんなで祈りについて話し合いました。クリスチャンの人もクリスチャンでない人も自分にとって祈るということの意味を考え分かち合うことができて、なかなか充実した時間でした。ゼミ生の皆さまありがとうございます。

　さ、今から訪問看護の人が来てくれます。彼女と話をするのも楽しいな。人は愛し愛される中で元気になっていく。愛とは、聴かれていることを実感できる関係性かな。今日はそう思いました。愛という言葉にいっぱい色がつくのが楽しみです。

 2017年12月24日　傷ついた癒し人

　コンパッション（共感）は「癒し人」と「傷ついた人」との関係をいうのではありません。コンパッション（共感）は平等な関係性の中で起こることです。自分自身の深い部分にある苦しみや思い（闇）と向き合ってこそ、人の深い部分にある苦しみや思い（闇）に触れること

ができるのです。コンパッション（共感）は私たちがお互いの人間としての苦悩を分ち合う時にお互いのこころに触れ実感できるものとなります。〔Pema Chödrön, *The Places That Scares You: A Guide to Fearlessness in Difficult Times*, Shambhala, 2002. 榎本てる子訳〕

　上の言葉はこの1年、私が麗華さん、ちえちゃん、はっちゃんという今バザールを引っ張ってくれている人たちの言葉や生き方から学んだ大切なことを思い出させてくれます。

　ヘンリー・ナウエンも次のように言っています。「キリスト教の共同体は、癒しの共同体です。それはそこで傷が治るとか痛みが軽くなるからではなく、その傷や痛みが新しい展開の機会や始まりとなるからです」。また「疎外感」「孤独・孤立感」「居場所がない」という傷は、「その人が置かれている傷の表面的な現れ」だとも言っています。さらに彼は、傷ついた癒し人の主な役割は傷をなくすことではなく、まず自分自身と向き合いその傷の奥にある様々な苦しみを分ち合えるところまで深めることだとも言います。自分自身の傷と向き合いながら、出会う人の傷の深いところにある魂を感じ、共に分かちあう中でその傷に新しい意味を見いだしていくことができるというのです〔H. J. M. ナウエン『傷ついた癒し人——苦悩する現代社会と牧会者』西垣二一・岸本和世訳、日本キリスト教団出版局、1981年〕。

　ある日、いろんなところを通ってきた麗華さんに「バザールカフェはどんなところを目指していきますか？」と聞きました。彼女は目を輝かせながら、確信を持って言いました。「てるさん、バザールカフェはひとりひとりが自分の存在を必要とされ、また自分も人を必要とすることを感じられる空間であってほしい。『支える』『支えられる』関係から、支えられるだけではなく、支えられてきた人が、支えることができる力があることを感じられる空間であってほしいです。私たち、そこに向かってやっていきます！」と。うれしかった。これからも楽しみです。

　ユーチューブの歌〔「スタンド・バイ・ミー」〕はこころに響きます。私も

含め、みんな誰かにそばにいてほしい時がある。ほんまやな。長いことクリスチャンしてきて、メッセージを語る時、イエスさまは抑圧された人、周縁に追いやられた人の友であったことを語ってきました。しかし自分自身も弱って助けてもらったり、聞いてもらったりする存在であることを深く認識してこなかったように思います。「助ける」立場にいることの大切さは認識してきましたが、自分の弱さと向き合って助けてもらう、「助けて」と言いにくい自分があったように思います。弱さと弱さ、自分の中にある渇きと向き合う中で人と出会っていける、そんな共同体をみんなで一緒に作っていくことの大切さを教えてくれた神さま、出会ったひとりひとりにありがとう……。

Stand by me! ひとりひとりが響きあえる仲間を増やしていける、そんなバザールになれますように。皆さんも、バザールカフェに来てくださいね！ メリークリスマス！

 2017年12月31日　**生きる使命、生かされている意味**

　今年は、母、姉、青木さんと静かな年越しを迎える。こんなことは生まれて初めてかな。今治時代は除夜の鐘祈祷会や新年礼拝、牧師館オープンハウス、人にまみれた年末年始。それ以降も家族で過ごす年末年始に思い出なし。家族旅行もなかったし。92歳の母とこんなにゆっくり時間を過ごすのは生まれて初めてかも。中学までは母が嫌いで家で暴れて、高校で叔父叔母に預けられ家を出た私。おかんを好きになれるとは思わなかったけど、なんか今は欲しかった母の愛をあきらめ、母なりの愛し方を受け入れられるようになった。

　このところ、母の言葉がこころにしみる。私の看病をしてた母が突然、「てる子、死ぬのは怖くないんか？　あのな、1回きりのこの世での人生やで。毎日平凡なことの繰り返しかもしれないけど、1回限りやで。惜し

いと思わないか？　もったいないやろ。死んだらあかんで」と。その晩、寝られなかった。理由は、やっぱり惜しい。考えないようにしてたけどやっぱり惜しい。もっとやりたい。この世が好き、まだまだやりたいこといっぱいや、と。

　おかんがまた続けて話してくれたのが、「自分も最近死が近いかなと思うようになった。歳とっていろんなことができなくなって、自分は役に立ってない。何もできないと思ったら、だんだん気持ちが暗くなってた。でもね、昨日神さまから示されたのが、笑いなさい、祈りなさい、感謝しなさいってこと。来年はこのことを心がけるわ」と。そしていつもの機嫌のいいニコニコばーさんになった。

　私はこの間、「生かされている」という言葉を使いたくなかった。調子が悪いと生きる気力がなくなる。咳き込んだり、呼吸が苦しくなるともう死なせてと思ったこともある。この苦しみに何の意味があるのかわからない時もある。父の『一日一章』〔エレミヤ書8:3〕を読んでいると、こんなことが書かれていた。

　　よく老人で「早くお迎えが来ればよいのに」と言う人がある。自分のからだがだんだん意のままにならなくなってきて、現実に希望を失い、不自由の中から自由を死に求めるのであるが、むなしいものを感じさせられる。それはその人に、生かされている、ということがはっきりしていないところから来るのである。神によって生かされている、ということ、生きているのではなくて、きょうも私には生きる使命がある、目的がある、何か必要があるから神は生かしてくださっているのだという意識を、はっきり持っていなければならない。（中略）これは必ずしも老人だけの問題ではない。若い人たちは「今」を大事にしない。「今」を浪費する。まだまだ自分の人生は長いのだと考えて「きょう」という日をおろそかにする。よく私は言うのであるが、不完全な一日を過ごしておれば、そういう一日の集積の一年は不完全な

一年であり、不完全な一年を八十年集積しても、それは不完全な八十年にすぎない。悔いのある八十年、九十年になってしまう。一日でも、それが本当に完全であり、悔いのない日を送っていくことにおいて、本当に私たちの人生というものは悔いのない一年であり、悔いのない八十年であり九十年になっていくのである。（中略）生きるということに使命を見いだしていくには、神に生かされているのだという信仰がなければならない。

　なるほど、ビクトール・フランクルも言ってたな。生きがいや生きる意味は探すものではなく、もうすでにあなたの前に置かれている。あなたしかできない生き方がある、と。

　いろんなことが起こるとマイナス思考になって、あきらめたりひがんだり考えないようにしたり……。でも年を終えるにあたり、この世でまだまだやりたいこともあるし、生かされているということは、その日その日、まだ私がやらなきゃならない使命を神さまが与えてくれてることやから、「いま、ここ」を大切にしながら１日を楽しんで送ろう！　って思えたことに感謝。でも、私はとっても弱いから、生かされていることが分からなくなったり、それすらしんどくなる時もある。だから、皆さんまたそんな時は私の気持ちを吐露させてください。大切なことをタイムリーに伝えてくれた両親に感謝。皆さん、本当にいろいろお世話になりました！　来年もよろしくお願いします。

　年賀状は、ここ数年書いておりません。これをもって年始のご挨拶にかえさせていただきます！　ある方に、私のフェイスブックは病気か食べてる話しかないなーって言われたんで、気になってます。私の今の現実がそこしかないのでほんま申し訳ないです。世界が狭くなってきました。来年はもう少し元気になれて違うことも書けたらうれしいな。いろんなイベントに参加したいです。良いお年をお迎えください。いつも長文ですみません。

2018年2月20日　「できない自分」を受け入れたい

　母92歳、姉67歳、私55歳。一番ヤングな私。そんな私がこの二人に足を揉んでもらったり、ご飯作ってもらったり、背中をさすってもらったり、手を握ってもらったり……。滋賀から車で駆けつけてくれるねーちゃん。バスに乗って世話をしにきてくれる母……。反対やろと思ったり、申し訳なく思ったり。ウァルデマール・キッペスというスピリチュアルケアの大家が、人間にとっての苦痛とは「人の世話になること」「役に立たない人間と見られること」「面倒をみてもらうこと」「邪魔者になること」だと言っている。母は最近、自分が歳をとって今までみたいにたくさんのお客さんをもてなしたいけど、からだもしんどくてできない、役に立っていないと言っている。つらそうだ。もてなすのが役割の人だったんで。母は、私の家に来たらすぐにエプロンをして、はりきって掃除をしてくれたり、家で作ってきたおかずをタッパーから出してくれたり、足をさすってくれたりする。疲れるやろなーと思いつつ、うれしそうにはりきっている母を見ると、これでいいのかなと思ったり。私にできることは、「お母さんありがとう」と言ったり、「おいしい、おいしい」とご飯食べること。その姿をうれしそうにみている母。時々、ブチ切れる。めちゃくちゃ咳が出て苦しんでいる時、私の顔をのぞきながら一言、「てる子、どうしてそんなに額が狭いんや。誰に似たんや！」と……。えっと、今それ言う時ですか……って言いたかったけど呼吸困難。手で「あっちに行って」と。耳が遠くなっているので、めちゃくちゃ大きい声で話さないといけなくて、酸素マスクをとって叫ばなきゃならず、勘弁して……と。
　韓国ドラマを見る時間だから帰ると言い張り、喧嘩になったりする。近づきすぎると痛い目にあうんだけど、一生懸命に何かをしようとしてくれる母に感謝の気持ちが日々湧き上がる。なんか今まで当たり前のように

思っていたことが当たり前やなくて感謝なんやと。でも感謝しつつも、私もキッペスの言う人間の苦痛のまっただ中にいて、母や姉や青木さんにきつく当たったり、嫌みを言ったり、八つ当たりしたり。反対の立場なら絶対私にはできないな、と。けれど最近、ほんまにいろんな人の存在に感謝するこころが湧いてきて不思議な感じ。訪問看護の人らも母が好きみたいで、顔を見ると仏さんみたいと言われてます。昔は鬼母やったのに。

　役に立ってない、邪魔者、お世話になる存在、面倒をみてもらわなきゃならない自分。この気持ちに支配された時、こころもからだもやられていく。「できる」ことに価値を置く社会の中で、「存在する」ことに価値があるんだということを人に言ってきたのに、いざ自分のことになると「存在するだけで価値があるんだろうか？」と悩んでしまう自分が情けない。社会の価値観を否定しながら、無意識にその価値観で自分をも見ていた。恥ずかしい。できない自分、弱さを持った自分を見つめ、それを受け止めてもらえる存在との出会いを今求めている。

　訪問リハビリの先生は、ある宗教の熱心な信者さん。「どうしてそんなに生き生き自分の信じていること話せるんですか？」と聞いたら、人生で苦しかった時、暖かい光で包んでくださる神さまとの出会いがあったという話をマッサージをしながら語ってくれた。自分の中に原点を持ち、感謝のこころを持って、自分が体験した愛を伝えたいと話していた。自分の内に自己の存在を受け止められる原点がなかったら、人を愛したり行動したりするのも義務や倫理になってしまうのかなーと。

　ある人が言った、「ひとりで立って、共に立つ」という言葉がある。彼はいろんな社会問題に取り組んでいたが、病に倒れ、いろんなつらいことを経験した末に語ったのがこの言葉だった。自分自身の痛みと向き合ったプロセスの中で、今まで関わってきた人たちの痛みを違う感覚で受け止めて連帯することができるようになったと話していた。母の言った言葉、自分は役に立ってないという寂しさを、私は今、自分の苦悩と向き合う中で、前とはちょっとは違う感覚で感じることができている。だから、母が来て

1　ひとりで立って、共に立つ　2017.8.4〜2018.2.20

くれて、私のためにしてくれていることを「ありがとう」と感謝しながら
受けていきたいと思う今日この頃。助けてって言えるようになるまでずい
ぶん時間がかかったけど、ここまでできなくならなきゃそれを言えなかっ
たし、助けてっていう言葉を発する葛藤も分からなかったように思う。病
んだから、新しい自分に出会えたんかな。でも、病みたくはなかったな。
元気になりたいよ。

2 揺れる、祈る、手放す

2018年3月2日～2018年3月24日

——— 2018年2月22日頃から発熱が続き、呼吸が苦しくなる。1ヶ月前には点滴を3日続けたら症状はおさまったが今回は改善せず、25日に再度医師に来ていただき、入院の調整をしてもらった。28日の午後、入院。病棟は前年11月に検査入院した時と同じ8階。先生たちが待っていてくださる古巣に戻ってきた。(青木理恵子)

 2018年3月2日　観察室に入院

2日前、あまりに呼吸が苦しくなり、在宅医と訪問看護師の勧めで入院。救急車で来なさいと言われたけど、恥ずかしくて自力で行く。着いたらレントゲンとCT。病状悪化。今も観察室でいろんな点滴をして、必死に病状の改善をしてくれている。サイトメガロ、カリニ、カビ、間質性肺炎の治療。あらゆる可能性を考えていろいろと対策を練ってくれる。最初に入院した時、主治医に「人工呼吸器をつけるかどうか家族とすぐに話して方針を決めてください。2、3日がヤマ場です」と言われ、えーそんなに悪いんや……とビビる。いろいろと話をして一定の方針を決める。それからはずっと治療。なんか、薬がない時代に関わっていたエイズの患者さんが、次から次へと襲ってくる症状とそれに対する治療を繰り返してたことを思い出し、その人たちの顔がふと浮かんだ。なんの薬が効いているのか分か

らないけど、どうやら日にち単位の進行ではなくなったみたい。これから
は週単位の進行なのか、月単位なんか、年単位なんかを見ていくみたいや
けど……。長期戦になってほしいな。

　医師はおもしろいことを言う。「3分の1は榎本さんの治りたいという力。
3分の1は私たち医療者ができる限り最大限のことをすること。あとの3
分の1は神さまの計らいだよ」と。「今までギリギリのところでいつも助
けてもらっている。きっと神さまの計らいの中にいるんだよ。多くの人た
ちがお祈りしてくれたり、支えてくれてる、幸せな人だよ」と。ほんまに
そうやなーと思った。まだまだ生きたい。やるべきことがまだある。どう
かここから出られますように。

　最近、聖書のヨハネによる福音書に記されている、ベトザタの池のそ
ばで38年間横たわっていた男性の話が頭の中をぐるぐる回っている〔ヨ
ハネ5:1–18〕。イエスは彼に向かって「良くなりたいのか」と聞き、その
後「起きて床を担いで歩きなさい」と言われる。池の水が動いた後、一番
先に入った人は癒されると信じられていた。38年間治りたいと思いなが
らも、自分では身動きの取れなかったこの男性はどんな思いやったんかな、
と。治りたいけど、次から次へ襲ってくる症状。私自身は治りたいと思っ
てるけど、ほんまに治るんかな。祈ってもらっているのに、なかなか祈り
は応えられてないし、こころの中では「いつまでなんですか？」と苛立っ
たり。あきらめたり、でもあきらめきれなかったり。あまりにしんどすぎ
て最近2週間は祈れない日が続いたり。でもやっぱり、まず神さまに聴
くという姿勢を持たせてくださいと祈ったり。慢性疾患ゆえに、じわじわ
と進行する症状に疲れたり……。

　そんな中、透析しながら生きている長谷川さんがメッセージをくれたり、
いまリハビリ中の学生が揺れる気持ちをどうにか前に持っていこうと、い
ろんなことを正直に書いてくれたり。知った人たちや卒業生がラインで
いろいろうれしいメッセージをくれたり。また、今年の関学のレインボー
ウィークでは『私はワタシ〜 over the rainbow 〜』という映画を上映して、

東さん、長谷川さん、柳監督がトークショーをするという企画を関学の人権教育研究所と先端社会研究所が共同企画してくれたり。佐藤先生をはじめ竹林さん、丈先生も一生懸命動いてくださってるし、新たなつながりにワクワク。こうした中で肺の治療に対しても、イエスさまに「治りたいのか？」と聞かれているようで、「はい、治りたいです」とはっきり言える自分を見つけられた2日間。

　今まで、何のために治りたいのか、なかなか漠然としていたけど、私にはまだまだしたいことも見届けたいこともたくさんある。「神さま、私も医師も最大限自分のパートをしますから、よろしく」「あなたの栄光を現わせる器として用いてください。Let it be 御心でしたら」と祈れるようになった。あ、また揺らぐけど。

　寝ているとなかなかパソコンが使えない。iPhoneでなら書ける。たぶん今こうして書いているのも、今度まとめる本に残したい思いを書き留めるということと、また普段のことを分かち合う機会がないからこそ、こうやって発信ができてるのだと思う。間質性肺炎で亡くなられた相原先生も息苦しい中、病院のベッドから説教を送ってくれたり、思いを何度も送ってくれた。きっと今までのように説教とかできなくて悲しかったしつらかったし、今だから感じる大切なことを伝えたかったんだろうな。

　「自分に与えられている使命を果たすために、いま与えられている時間を生き抜きたい」と、今日は主治医に話せた。主治医も「まだまだしないといけないこと、あなたにはたくさんあるんだからがんばりましょう」「でもこの週末はまた積極的に薬を入れるからつらいけど、今を乗り越えましょう。つらい治療でごめんね」と言ってくれた。手を伸ばすと手を握ってくれた。ガンバルンバ。耐え切れますように。良くなって家に元気に帰れますようにお祈りください。

　オモロイ話をひとつ。
「はじめての尿道カテーテル」
　明日からまた点滴の種類が増えます。心臓への負担と水がたまりません

ようにお祈りください。初尿道カテーテルは、看護婦さん間違って膣に入れるし、笑った。入った尿道痛いし。オムツやし、ウンコはオムツの中では出ないし。出さないと肺に負担かかると言われ、初のベッドパットでのウンコ。ラクやわ。でも恥ずかしいな。毎回、お尻や下を看護師さんに見てもらわなあかんし。でもみんな優しくて、今日はお腹も崩し、4回もお世話に。ありがたいです。

だんだん、不思議やけど赤ちゃんに戻っていくみたいやな、と。そして死のイメージは、産道を通って子宮に帰るみたいなんかなと。子宮の中で安心して生きているんかな。神さまの子宮かな、と思う今日この頃。

あ、しばらく観察室なんで面会謝絶です。お祈りくださいね。今日は少し元気な時間が長くなったんで、慌てて考えたことをまとめました。ダラダラ長文すみません。

あ、かわいいちえちゃんのしゅんたんからのメッセージと絵。優しいな。

 2018年3月3日　私を生かす原動力

皆さまからのお祈りパワーとめちゃ優しい医療従事者。黙って足を揉んだり、触ったりして看病してくれる人たちに守られて、無事に今日の治療が終わります。ただただ、今回は長期戦でもいいので、元気になって家に戻りたーい。まだまだやりたいことたくさんあるし、気合いだ〜。

うれしかったことのひとつは、コメントをくれた人の多くが、クリスチャンというくくりやないこと。「てるちゃんのために祈りたい。でも、祈る言葉がまだ見つからん。ちびっこは修行が足らんな（笑）。でもな、人のために？　あるいは、てるちゃんと一緒に祈りたいと、そんなこと久しぶりに思って、考えて、分かったのは、そう思って考えてる時間、あたしもまた神と共にいられるんやってこと。てるちゃんは人から祈られることで、その人に神と共に在る時間をくれてるわけや。ようできてるわ（笑）。

ありがとう。神さまとてるちゃんに。ラブ！」というちびっこのコメント
には、目からウロコ。

　また「不信心な私ですが、あなたのために祈ります。クリスチャンやな
いけど、祈ります。祈ることが分からないけど思いを寄せます。私が祈
るって言葉使ってる！」って驚きながらコメントくれる人もいたり。なに
より私がキリスト教や自分の信仰のことを書いているのを読んでくださっ
ていることに感謝。クリスチャンの友人たちの祈りや言葉にも励まされて
ます。ずっと前に、名古屋から大森てる牧師様が送ってくれた松岡修造の
応援歌〔C.C. Lemon 元気応援 SONG「てるちゃんの応援歌」〕に励まされて
ます。

　スピリチュアルケアを勉強してた頃は、エリザベス・キューブラー＝ロ
スの「死の段階」〔「死の受容のプロセス」と呼ばれることが多い〕がバイブ
ルのように使われていた。たしかに、あの段階は参考にはなるけど、あれ
に当てはめて人を見るようになって、「だから？」っていう感情を持った
ことがある。そのあと、なるほどと思ったんは、E. S. シュナイドマンの
『死の声——遺書・刑死者の手記・末期癌患者との対話より』（白井徳満・
白井幸子訳、誠信書房、1983 年）という本に書かれていた言葉。「各個人は、
その人が生きてきたように死ぬ。特に、人生の危機、ストレス、失敗、挑
戦、ショック、喪失等に遭遇した時にみられた反応が、死の時にもあらわ
れる……（中略）つまり人は、その人の人生のもっとも苦しかった時を生
きたような仕方で死ぬのである」〔159 頁〕と。だからこそ、その人の生き
た人生の歩みに耳を傾けて、その人がいろんな苦しみとどう向き合ってき
たかを聴くこと、すなわち個別性の大切さをシュナイドマンはここで言っ
ているように思う。

　昔カナダで病院のチャプレンインターンをしてた時、白人のカトリック
の信者さんでガンの末期の人がいて、訪問することになった。自分の病棟
だったんで。ところが毎日拒絶の連続。英語にアクセントがある日本人、
女の聖職者、若い、ちゃんと祈れそうにない、何を話していいかも分から

ない。そらしんどい時に私みたいなもんが来たら腹立つだけ。怒るし、文句言うし、何しに来たって言われるし。服の文句、しまいには部屋に入ろうとしても入るなと言われるし。拒絶の連続に、ほとんど仕事に行きたくなくなるほど落ち込み、スーパーバイザーのチャプレンに相談したら「彼は怒りの段階だから、怒りをあなたにぶつけている。通い続ける中で彼の怒りを受けとめていきましょう」と。えー、勘弁して、と内心思う。彼はカトリック、最後はやっぱり司祭でしょ。アジア人が嫌いなんかもしれないし、今は彼の価値観を変える時やないでしょう。若い女でたどたどしい英語で何しに来てるかわからない私に耐えられないんでしょう。いろいろと思うところがあり、看護師長に相談した時、彼女が「この患者さんは入院して最期の時を迎え、何も自分でできなくなっています。できなくなる自分に腹が立ってるのかもしれません。最後に残されている人間の尊厳は決定権です。あなたを拒否する理由はいろいろあるんでしょう。でもそれを無理やり変えるより、彼があなたを拒否したことを尊重して去りなさい。あとは、私たちでカトリックの司祭さんをアレンジします」と。私は去り、カトリックの司祭さんが入り、彼は満足して最期を迎えた。彼のことはあまり分からないけど、彼が持つ宗教のイメージは男性だったんだろうなと。怒りのステージを分析して納得することも大切だけど、その人の生き様を大切にすることをも学んだ経験だった。

　では、私はどうなん？　と考えた。私は、ずっと愛されることを求め、必死に生きてきた人間。愛すること、愛されることが私にとってはこだわり。愛するとは？　愛されるとは？　ずっと考え、求め、拒絶されないように生きようとし、拒絶されたらもうどん底。パチンコに没頭し、考えないようにする時期もあったり。仲間にしつこいと言われるくらい愚痴ったり。落ち込んでもまた人に向かっていったり。必死に聖書読んで祈り、神さまに戻ろうとしたり。そういえば、いつも人によって元気をもらい、神さまの声を聴き、毎日を生かされてきたなと。私は自分がしんどいのに「そんな時もエンターテインしてはりきるの？」「はりきって話して、疲れ

果てるのに。なんでそんなに痛々しいの」と言われる時がある。でも、そのことで生きる力をもらっているのも私。愛されるためにエンターテインするのが私。そして出会う人とこころで出会い、その人のことを思い続けたり、考えたりする自分も好き。あ、ナルシスト！

　たぶん愛し愛される関係性の中に生きることが、私を生かしてくれる原動力なんだと。あとは、何かをしないと愛されないと考えてしまい、自分をがんじがらめにしている自分に対する評価から解放されることが課題かな。ありのままの私を受け入れてくださる神さま、友達の存在がありながらも、それを素直に受け止められないほど、自分が自分にダメ出ししているんだと頭では分かり始めたものの、まだまだ自由になれてない私です。すみません、長々と。

　あ！　カナダの友人からよく「てる子はゴメン、ゴメンって言い過ぎ。てる子のゴメンは意味がない。ゴメンと言わずにありがとうって言い！」と怒られてました。だから最後は、皆さん読んでくださりありがとうございます！　おやすみなさい。日記みたい。まりえちゃん、本の編集よろちくね！

 2018年3月7日　**愛とクリエイティビティ**

　今日も無事に1日が終わりそうです。たくさんのメッセージとお祈りありがとうございます。がんばれてます。入院してもうすぐ1週間。ずっと絶食。明治メイバランスイチゴ味を1日3回。これがまたねー。

　食べれん時は体力勝負。このメイバランスも貴重なんだけど、やっぱりラーメン食べたい。焼肉食べたい。かつかつトントンのへれかつ食べたい。毎晩夜中はユーチューブで食べ物の鑑賞。早く口から食べたいな。ラーメンの本見ながらメイバランス。機長の指示に従いながら、機体を持たそう。ソフトランディングするために！

チャールズ・トッパーというカトリックの神父さんが言っている「スピリチュアルヘルス」という言葉を最近よく考える。スピリチュアルヘルスのアセスメントの中に、愛すること、愛されること、クリエイティビティと赦すことが挙げられている〔Harold G. Koenig, Charles J. Topper, *Spirituality in Pastoral Counseling and the Community Helping Professions*, New York and London: Routledge, 2003〕。人は愛し愛される関係性の中で回復していくのかな。じゃー、愛とは何なんだろう？　愛はこれだっていう定義はないかもしれないし、私も探し中。この間司式させてもらった、わたるとニキの結婚式でも話したけど、私は結婚式で永遠の愛を誓うことはしない。なんという牧師！　でも、日々お互いの関係性や対話の中でそれぞれの形を作っていき、世を去る時、振り返ってそれが永遠の愛だったんかなと思えること。すなわち「いま、ここ」でどういう関係性を作ろうとしているのか。そこには赦しがあったり、クリエイティビティが必要だったり。私にとっての愛の感覚、あなたにとっての愛の感覚、それをお互いに話せる関係性が大切なんかなーと。

　ヘンリー・ナウエンという神学者が「ケア」という言葉の語源は"KARA"で、それは「嘆く、悲しみを共にする、共に叫ぶ」という意味だと言っている。「ケアする」ということには、なんか「できる人」が「できない人」を助けるというイメージがあるけど、本来はその人のこころに聴き、一緒に悲しんだり叫んだりすることだそうだ。私にはその人の痛みや傷がわからないからどうか話してください、感じさせてください、その叫びに私なりに寄り添って、クリエイティビティを持って私の感じたことを表現しますから、という意味なのかな。スピリチュアルケアは「する」ものではなく、「とどまり、分かち合い、一緒に叫ぶ」ものかなと。皆さまからのメッセージそのものが私をそんな思いにさせてくれてる。なんか、自然な関係性の中で生まれるんかな。

　話は変わりますが、私にはおもしろいお見舞い客がいる。昔関わったゲイカップル。まずこの病気が分かった 11 年前、入院してから数日後に

第3部　フェイスブックへの投稿

　突然遠方から現れた二人がお見舞いに持ってきたもの。それは、新幹線を背景に二人仲良く撮った写真。それを写真立てに入れて「はい、お見舞い」と。どうせいっていうね〜ん。どこに飾るねーん！　どう説明するねーん！　と思い、退院するまで机の引き出しにしまいました。すんません（笑）。

　生花をお見舞いに持ってきた知り合いは、入ってくるなり洗面台の鏡に映る自分を見ながら、「花を持って友達のお見舞いにくる自分が素敵」と言って、結局その花を手に持ったまま部屋を出ていった。なんのための花やねーん！　でもまぁ、それぞれが関係性の中で、私の不安を和らげるクリエイティビティを持って愛を運んでくれた。私も、このなんとも不思議なナルシスト軍団が愛おしかった。いろんな関係性。その中でお互いを思い合う自然なこころがケアの原点なんかな。

　昨日担当してくれた看護師さんは、「明日も日勤やわ。担当違っても顔見にくるわ」と言って帰っていった。そして今日、忙しい中笑顔でほんの一瞬顔だけ見にきてくれた。さりげない人間同士の触れ合いが人を生かす力になるんだろうな。皆さん、ありがとうございます。皆さんのコメントやご自身のお話のシェア感謝です。身近に感じ、パワーいただいてます。明日も耐えて、ソフトランディング。まずは薬が効き、炎症反応の数値なんかが減ること。次はCTでモヤモヤが消えてること。次はキャッチャーマスク〔写真次頁〕なしでも酸素の吸収がマシになること。ひとつひとつ、ガンバルンバ！

　一般病室に戻り、ひとりでトイレができ、固形物が食べれて、家に無事に帰って、みんなで大文字をみる。イマジネーション！　ステロイド大量投入してるんで、ハイなんかな、この長文。

2　揺れる、祈る、手放す　2018.3.2〜2018.3.24

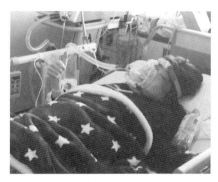

バイパップという呼吸器を「キャッチャーマスク」の愛称で呼んでいた（3月4日撮影）

 2018年3月8日　**母との関係**

　夜の9時過ぎに主治医の先生が来てくれる。状況は良くも悪くもなっていないと。しかし先生は、「悪くなってないということは大切で、維持できてるんだよ」「よくがんばってる」「みんなでこれから作戦会議しながらやっていくから。二人三脚だからね」「何か大いなるものが働いているように感じるよ」と。ここまで話したら、涙腺が緩んで涙が出てきた。ほんまに張り詰めて生きてるんだなと。白野先生が描いてくれたソフトランディング。機体を持たす。機長を信じ、機長を導いてくれている大いなる存在を信じ、皆さんのお祈りに感謝して今日も無事眠りにつけそうかな。ちょっとなかなか良くならないので、へこむ時もありますが、いろんな人に支えていただいている命に感謝。

　今日も92の母が姉と二人で来て、母はいきなり私の足をさすりはじめた。申し訳ない思いでいっぱい。母に「おいしいもの食べておいで」と、姉に頼んでレストランに。「わたしゃお腹減ってない」といつも母は言うが、レストランに行くとスパゲッティボロネーゼを完食。おやつを食べ、

今日もうどん完食。「わたしゃここにおいしいもの食べに来てるわ」と。ほんまに勝手連の会長。

　私は基本的におかんとは犬猿の仲。高校まで家庭内暴力を振るって母を苦しめ、高校では叔父さんや叔母さんに育ててもらい、あの二人は大切な大切な第二の親。小さい頃から、ひとつ上の兄貴との待遇の違いに腹を立て、愛を勝ち得るために必死のパッチ。でも欲しかった愛はいっこうにもらえなかった。そんな母が今日も来て、おもしろいことを言って帰る。「てる子はな、小さい時に泣いてもほったらかしにしてたから、あんた肺が強くなったんよ」「私の育て方があったからこんな状態でも生き延びれてるんよ。よかったな」と。はい？　Pardon me ？　お兄ちゃんは？と聞くと「泣いたらすぐに抱っこしてたな」と。「そもそも、てる子は小さい頃かわいくなかった。私を通り越して、大好きな教会員の宮崎のおばちゃんに飛びついていってたからね」と。いやいやあなた、私とにーちゃんとの格差は……反省してないんかーい。ねーちゃんが、母を前にして、「おかんは、てる子がいつもいろんなところに連れて行ってくれておいしいもん食べさせてくれてるのに、帰りにいつもケンカになって嫌な思いをさせてごめん、感謝してるって言ってたよ」と代弁。おかんはそれを人に代弁してもらったからもう謝ったと報告。自分で言わんかーい！　だんだんかわいく思えるようになった。家に来ても一生懸命エプロンして三角巾して働く。そのあと、「なんか酢の匂いがする」と言う。その意味は、「寿司を出前でとってね」ということ。ほんまグレート・マザー〔ユング心理学における元型（アーキタイプ）のひとつ。子を育て養う側面と、束縛し飲み込む側面とを持つ〕。

　カナダで病院のチャプレンインターンをしたり、日本でエイズカウンセラーをしてる時、いろんな人がベッドの上で人生を振り返って思い出や、やり残してることを話してくれたり、いろんなドラマを見せてくれた。私のひとつのドラマは、母や姉やにーちゃん一家と今まで過ごしたことのないような時間を過ごさせてもらっていること。今までできなかったことを

埋めていっている。92の母に55の私が赤ちゃんのように抱きつき、その私のそばで足や背中に手を当て、時々「お前の額は狭い。目力があるから大丈夫。指がきれい。私の指はこんなに曲がってる」とすべて自分の話に持っていく母もかわいく思える。ちなみに愛情をこめて、おかんにあだ名をつけた。「KYKB」。トンカツちゃいますよ。「空気読めないクソババア」(KYKB)です。なんせ勝手連の会長ですから。

最近よく思い出すのは、小さい頃父が伝道旅行に行ってる時に熱が出たこと。私は父のベッドで横になり、母が看病をしてくれてた。すると夜中に教会員のおっさんが酔っ払って鉄の門を壊して、日本刀を持って玄関を叩いてきた。その時、母がベッドの下に隠れなさいと勇敢に私を守ってくれたこと。愛されてない、にーちゃんばっかり優遇されるという思いに取り憑かれて見えなかった、おかんの私に対する愛し方が見えてきた。うれしいな。でも、やっぱり長男の恵は優遇され、保護されてるのは変わりのない事実。でももうそれにこだわり憎しみを持つ必要はなくなったのもよかったかな、と。看護師さんはそんな私の人生の話をよく聞いてくれる。ありがたい。

あ、高校時代の思い出をコメントで書いてくれたのを読んで、あの時代を思い出して笑えた。ベッドの上は、妄想とイマジネーション。そして新たな関係性を築けるチャンス。けど、やっぱり主治医と話して涙が出る自分のこころもいたわってあげようかな。ひとりひとりにレスできませんが、ほんまに励まされたり、笑ったり、しんみりしたり。会話してるみたいで助かってます。愛をありがとうございます。

 2018年3月9日　観察室にて人間観察

今日も守られて1日が終わります。ただ熱が出ているのと、咳と痰がまた出始めています。おさまるようにお祈りください。

第 3 部　フェイスブックへの投稿

　昨日から観察室は大忙し。呼吸困難の人が増え、看護師さんも大忙し。今もせん妄で怒りまくって話しまくっている患者さんの相手をずっとしている。ほんまに偉いわ。なかなか観察室も厳しい状況の人が多い。カーテン越しに聞こえる間質性肺炎の告知、死亡の確率、人工呼吸器の装着、心臓マッサージをするかどうかを話す先生。また説明がうまい。自分自身の告知の時のことを思い出した。隣の人は見たことないけれど、ずっと話してる。ナースを何度も呼んでいる。いきなり呼吸が苦しくなり不安なんだろうな。咳と痰の合唱会。つらいやろな、と。しかしかれこれ 1 時間もそばに座っている看護師さん、ほんまえらいわ。今日 1 日私を担当してくれた看護師さんも走り回っていた。私だけでも下の世話 3 回、点滴、歯磨き、ベッド周りの掃除、清拭、パジャマ替え。嫌な顔ひとつせずにハアハア言いながら、また笑わせてくれながら対応してくれた。「私らは榎本さんが生きたいと思えるようにサポートしますからね」と。ほんまいろんな方法で支えてくれている。

　堺の病院の看護師さん。昨年サプライズで家に誕生日を祝いに来てくれた。カナダの友達も日本に来てマッサージや身の回りの世話をしてくれて、下鴨シスターズ〔京都に引っ越した後すぐ発足した、榎本さんを助けるチーム。13 人が登録しシフトを組んで訪問診療の際の同席、ご飯作り、外来受診の同行、マッサージ、掃除などを担った〕は誰かが毎日助けにきてくれる。引っ越しの達人のたるいにひろた。足の爪を切るためにわざわざ来てくれるてらぐちさん。一番ちっこい看護師さんはしゅんちゃん。ありがたい。スピリチュアルケアは技術ではなく、関係性中心のケアが基本だとトッパーは言う。ほんまやな。そして関係性は、軽い社交的な会話からこころを聴く交わり、そして今起こっていることの意味を見出すプロセスに一緒にいること。また儀式や象徴を使って言語化できない気持ちを超越した方に持っていく。いろんな角度の引き出しを持ちながら関係性を築く中でスピリチュアルケアが行われると。タスク中心ケアではなく、関係性中心ケアが大切だそうだ。

146

しかしまぁ、いきなり告知されてもがいている患者さんの横に、何も言わずにずっと座っている看護師さん、ほんまえらいわ。こんな場面を同じ病人として見させてもらい感謝。カナダの大学病院でオンコールしてた時、心臓の集中治療室に呼ばれて夜中に行った。看護師さんがチャプレンを呼んだ理由を聞いたら、患者さんが不安定になり、"Jesus Christ!"〔俗語「クソッ!」〕と言ったから呼んだと。それちゃうやろ! と思いながらも、しばらく患者さんの手を握ってたら、患者さんが眠ったことを思い出した。他にも、訪問してもいつも寝ていて反応しない患者さんの足に手を置き、無力な自分を感じて帰ろうとした時、患者さんがまだ帰ったらあかん、あんたは看護師になれると言ってくれ、それからたどたどしい英語で話し始めてくれたことを思い出した。無力な自分でしかないけれど、その静けさの中に安らぎがあることを思い出した。

私も咳き込み、痰が出ると気絶しそうになる。そんな時、家族や担当の看護師さんが走ってきて背中に手をそっと当ててくれる。落ち着いて、息をしてと。目をつぶらないとあかんくらいしんどいし、呼吸の仕方もわからなくなって貧乏ゆすりが始まるけど、手を置いてくれるとしばらくして落ちつく。触ること、黙ってそばにいること、すごいパワー。

あ、1時間経った。横のおじさん静かになった。看護師さん、グッジョブ! けど、私もちょっぴり隣のおじさんのようになりたいな。どうしても優等生になって、私より隣の人に行ってあげてくださいと言ってしまう自分もどうなんよ! なんでこの期に及んでいい人になろうとするんか。でもそれが私の生きグセ。マナ〔いとこの榎本まなさん〕に泣けてよかったねと言われ、ほんまやなと。でも泣いて気が緩むとなんか病気に負けそうだと思っているのかもしれない。明日は、誰が担当かな。顔を見るとウンコしたくなる看護師さんもいて、私の中では彼女のあだ名はたえちゃん。タガログ語で「うんこ」を「タエ」っていうので。かわいいでしょ! おやすみなさい。

147

2018年3月14日　人間臭さにあっぱれ！

　かれこれ2時間、咳と痰が止まらず、ベッドの柵を握りしめて、目を閉じて耐える。さっきは看護師さんが子どもをなだめるように背中に手を置いてトントンしてくれた。あったかい手の温もりを感じ、少しおさまる。発作の最中は、息の仕方が分からなくなったり……1日にこれが何度も続くと、からだもこころもヘロヘロ……。もういい、もうしんどすぎると、そう思ったりする。詩篇の「主よ、いつまで続くのですか？」という詩が、何度も何度もこころに浮かぶ。「勘弁してよ」「祈りに応えてよ」「聴いてますの？」「頼むわ」「なんでやねーん」と、叫びたくなる時がある。少し落ちつき、握りしめてたベッドの柵を見ながら、このベッドの上で、何人の人がこの柵を握りしめながらいろんなことに耐えてたんかなーと、また妄想。

　「死の五段階」を書いたエリザベス・キューブラー＝ロス医師自身の最後は怒りの爆発。受容の段階に到達せず。彼女はそのことであれこれ批判されたけど、なんでやねーん。受容の段階に行かなあかんのかいな。あのマザー・テレサもインドで聖母のような活動をしていても、晩年司祭さんたちに「神に失望していた」ことや恨みつらみを言っていたという暴露本が出たり。私は、ある意味うれしかった。この人間臭さを見せてくれた二人。

　ある看護師さんが私におもしろいことを話してくれた。ひとりの患者さんが、牧師がくるというのできれいに身支度を整え、しばらくいい時間を過ごした。牧師が帰ってしばらくして看護師さんが部屋に行った時、その患者さんが言ったのは「あーしんどかった、疲れた」という言葉だったそうな。たぶんクリスチャンとして期待される姿を見せようと一生懸命やったんやろな、と。人間的な揺れを見せられない。怒り、苛立ち、悔しさ、もがき、いろんな感情や思いが私にもある。吐き出さないことには新しい

息も入ってこない。ただただその気持ちを聴いてもらうだけで本当はいいのかも。

　ある高齢の熱心なクリスチャンの方が死を前にして、「死にたくない」と叫んだ話を聞いたことがある。まだまだしたいことがあったんやろな。神さまのところに帰るんだから、という人もいるかもしれない。でも、私はこの人間臭さにあっぱれ！　と言いたかった。私は、イエスさんのゲツセマネの祈りの場面が好き。癒される。聖書学の人たちにはちゃんと釈義しなさいと怒られるかもしれないけど、現実に起こっていることとあえて対話して考えてみたい。イエスさんは自分の運命をとっくの昔から知っていたと思う。十字架につけられて死ぬ運命。けれど、その時が迫った時、ひとりやなくて自分を慕う弟子を連れて祈りに行く。そして泣きながら、血の汗がしたたるくらい必死に祈る。悲しみもだえ、十字架での死を避けたいと祈る。そして最後には、「さあ行こう」と十字架に向かう。この祈りのプロセスの中で「あなたの御心ならば」と祈る。何度も祈らないといけないほど、イエスさんは揺れたんやろな。揺れる。いろんな感情や思いに揺れまくる。揺れる自分を正直に出していく中で、何かを見つけられるのかなと思うと私は安心。だから人間臭さ込みのこの場面が好き。

　HIV陽性者の長年の友が、私が膠原病だとわかった時に最初に言ってくれた言葉、「愚痴も治療の一環やで」と。ありがとう、いいこと教えてくれて。「いい患者」「いいクリスチャン」という、自分が勝手に持ってしまっているイメージで生きるんやなくて、揺れてる、人間臭すぎる自分をもそのまま神さまのところに持っていこう。たぶんそれががんばりすぎないことなのかも。ゲツセマネの祈りのシーンを思いながら、そろそろ寝ます。咳と痰が出ませんように。頼むわ！　観察室にまた誰か入った。満員。今日も手厚い看護を受けて感謝。

2018年3月14日　クリスタルのハートにたくさんの人が

　昨夜は朝まで眠れず、4時頃にとうとう眠剤飲む。しばらくして呼吸が楽になり、やっと寝る。が、朝から疲れてぐったり。でも日勤はたえちゃん看護師。朝から元気をいただいてます。今日は血液検査やCT。また炎症反応の数値が上がってしまい、CTもあんまり変わらないんかな。牛歩。がんと闘っている山下弘子さんの今の状態を読み、「小さな奇跡」という言葉が身に刺さる。小さな奇跡が起こり続けますように。山下さんも私も。このスピードに耐えられますように。若いお医者さんとの関係も日々スムーズに。「先生、ちょっとはいいニュースをねっ」と笑いながら話せるように。関係性は築いていくもんなんだと痛感。

　今日は部屋から出るとき、「榎本さんのカルテ見てきたけど、ほんまに今までよくがんばってきてるし、今もがんばってるよ」と。ちょっと涙が出そうになりました。私の肺、心臓、よくがんばってくれてありがとう。小さな奇跡をこれからもよろしく！　皆さまのお祈りやメッセージに励まされてます。なんせ社会からは今隔離状態なんで。

　私はカナダにいる時、ユダヤ教のラバイのカウンセリングを4回ほど受けたことがある。父の死をめぐって自分が棚上げしてきたことが、病院実習で避けて通れないことなんだと自覚し、初めてカウンセリングを受けた。最初の先生は、ゲシュタルト療法で有名な先生で、父になりきり、私に父に対する思いを言いなさいと。いろんな思いを英語で話し、手を握られ、"That's all right"〔「大丈夫」〕と言われた瞬間、「おとうは英語しゃべれなかった。これはちゃうわ」と急に冷めてしまった。次に出会ったのがこのラバイ。名前も忘れたが、何十年経っても私の根底に大切な視点をぶっこんだ先生。父とのことはまた違う機会に。

　私のテーマは、愛。そして拒絶に対する恐怖心。ラバイは、イマジネーションセラピーを使ってカウンセリングしてくれた。妄想癖のある私には

ピッタリ。

「てる子、目を閉じて自分のハートを想像してみて」

「はい、見えます」

「てる子、あなたのハートはクリスタル」

「へー、きれいです。見えます。見えます」

「じゃー、そのクリスタルなハートに、てる子を好きだと思う人をひとりひとり入れてみて」

……沈黙

（父は一歩入ってすぐに出ていく。おかんなんか入ってもこない）

（家族も。たくさんたくさん友達がいるのに誰も入ってこない。なんで……）

「先生、誰も入ってきません」

（その瞬間涙が溢れてくる）

……沈黙

「寂しかったでしょう」

（泣きながらもこの言葉に反応して、当たり前やん！とこころで叫ぶ）

……沈黙

「てる子、あなたはあなた自身のことを愛してますか？　自分を愛してなかったら、どんなに人があなたに愛を送ってくれていても、跳ね返してしまうよ。人生の中で、自分が嫌いになったり、情けなく思ったり、ダメな人間だと思ったりすることはいくらでもあるよ。けれど、そんな自分にしがみついて生きていきたいか、手を離すかはあなた次第だよ。Up to you!〔あなた次第！〕」

　なかなか手放すことができず、片手だけはなんとか手放し、片手では自分をダメだと断罪する自分にしがみついていた人生。ここのところ手放し方を学び始めてる。それは何かというと、汚い話、ウンコちゃんと陰部の洗浄。私は絶対に導尿は嫌だった。ずっと前に入院した時オシッコが出ず、看護師さんに「導尿するかな」と言われた瞬間に、必死にオシッコ

を出して導尿を免れた。訪問看護師にシャワーに入れてもらう時も、どんなにしんどくても陰部は自分で洗いますと。ましてウンコちゃんに関しては、どんなにしんどくても酸素ボンベを抱えて車椅子に乗り、家ではトイレに駆け込み。それくらい下の世話に対する恥ずかしい思いと、イヤイヤ感がすごい。けれど、今回だけはもう無理。起きられない。動けない。自然現象は止まらない。導尿してるとばい菌入るとあかんから、毎日洗ってもらわなきゃならない。ウンコはしたくないけどなぜか下痢が。オムツはかなきゃならないし、ウンコはベッドパットでしないといけないし。なかなかの抵抗感。でも看護師が嫌な顔ひとつせず、何度も何度も替えてくれる。だんだん信頼して、抵抗感が軽減。こんなに楽やったんや。息もできる。替えてもらう時に冗談を言ったり。ベッドパットでウンコしながら、昔、井上ひさしの『吉里吉里人』という本が出た時に流行ったドイツ語のダジャレ、「イッヒ フンバルト デル ウンチ」をこころの中でリズムつけて言ったり、なんか自由になってきた。手放すとこんなに楽になるんや。

　今回の入院、皆さまからのお祈りやメッセージ、私はほんまに素直に皆さまの愛を感じている。若いお医者さんに、「なんで咳や痰が出るんかなー」と聞いたら、硬くなっている肺の細胞に痰が絡んでいて、それを出そうとしているんだよと（あ、私の解釈かもしれませんが）。細胞の中に絡まっている痰が、皆さんのお祈りと愛の力で消え、新しくされ、細胞が生き返るイメージをしながら、牛歩でもやっていこかな。

　私は、貪欲に愛を求めすぎたり、自分を愛してこなかった。もういいやん。すべての人から愛されるわけないやん。今、関わってくださっている人たちの大きな愛に身を委ねてみよう！　そう思うと、私のクリスタルのハートにたくさんの人が入ってきた。素直にうれしい。私は、幼稚園の頃テングさんの絵本や話がすきやった。自由に空を飛べるテングさんに憧れる。自由を得るためには、手放す勇気、自分や周りや自分を超えた方を信頼する選びが必要なんだろな。

2018年3月15日　様々な痛みへの問い

　昨日の晩は、発作1回。眠剤の力を借りて朝まで寝る。朝は調子がいいなーと始まった、が、1日中突然押し寄せてくる痰と咳攻撃。ぐったり。終わると汗びっしょり。楽になるけど、またいつこの発作がくるかと思うと、疲れる。朝一番に優しい看護師さんが、笑顔で「今日の日勤の担当です」と来てくれ、癒される。やった！　私はひとりひとりの看護師さんの名前を覚え、名前で呼んでいる。人間観察が好きな私やから、ひとりひとりの特徴を観察しながら、話ができそうな看護師さんには、玄関のドアを開け、勝手に応接間に上がり、いろんな話をする。だんだん気持ちが近くなっていく。なかなか楽しい。一生懸命看護してくれる。背中さすってくれたり、点滴、愚痴の聞き役、知識を教えてくれたり、アイスノン持ってきてくれたり、食べやすいように青木さんが買ってきてくれた三色丼をオニギリにしてくれたり、髪を洗って、最後は下のお世話。なんかステロイドのせいもあり、しんどいのと温かい空気とで涙が出てくる。若い看護師さんが多いけど、親身になってわかろうとしてくれる姿に感謝。今日の晩も発作が出ずに静かに寝れますように。まだまだ先は長いみたい。

　神さまは、いろんなエンジェルを送ってくれている。今日は、社会福祉士や精神保健福祉士の国家試験の結果発表日。続々とうれしいニュースが入ってくる。神学部にきて、福祉関係に行きたいと言ってきたツヅキ。紹介した施設で怒られながらも必死に食らいつき、今があるんやな。おめでとう！　こんなこと書いてくれてありがとう。また、元気でたわ。

　私事なんですが、今日無事に社会福祉士を取得しました。精神だけでなく、今後の高齢社会に対応していけるワーカーになりたいです。自分の原点は先生のゼミで学んだことです。相手の気持ちを理解することなんて絶対できない。だからこそ、「あなたのことを教えて欲し

という謙虚な姿勢で関わる」という、先生から教えられたことは今でもずっと意識しています。神学部を卒業した精神社会福祉士ダブルのワーカーとしてこれからも先生に学んだことを現場で活かしていきます。その姿を先生にこれからももっと見てほしいです。お身体が良くなることを本当に願ってます。無理されず療養してください。

　ありがとう。復帰目指して今は療養するわな。でも、ほんまにうれしいわ。
　私はザアカイさんの話〔ルカ 19:1–10〕が好き。ザアカイは、徴税人で嫌われ者。イエスさんがくると聞いて、背の小さいザアカイは、群集が助けてくれるわけでもないので、木に登り、イエスさんを見ようと必死のパッチ。そんなザアカイが登った木の下に立ち、今日あなたの家に行くというイエスさん。この話好き。木に登ることを英語で "up a tree" と言います。それはお手上げ状態という意味だそうな。お手上げ状態の中にいるザアカイを見つけ、木の下に立つ。"under stand" 理解しようとする。近づき、呼び、何が起こっているのと聴こうとしてくれる姿勢に、私は惹かれる。決めつけやすい私、「わかるよ」と言ってしまいやすい私。「わかった」と言った瞬間に、たぶんその人のこころから離れてしまうんかなと。そんな話を覚えてくれててありがとう。
　いま、私は病院で看護師さんや医師や医療従事者の方々と話しながら、ベッドの上で春がくるのを待ってます。お手上げ状態の私に、「どうしたの？」「大丈夫？」「今日の気分は？」と聴いてもらいながら、自分の気持ちを確認してるんかな。「全人ケア」という言葉があるけど、ここではすべてを対応してもらってる感じ。
　「からだの調子はいかがですか？」（身体的痛みに対する問いの一部）
　悪いところを言うとすぐに他科にリファーしてくれて、ベッドまで診察に来てくれる。最近耳に水が溜まり、聞こえない。難聴。咳で力むから目が充血。眼科や耳鼻科の先生がすぐに来てくれた。助かる。

「今日は誰か来てくれる？」（社会的痛みに対する問いの一部）
「どんなこと感じてますか？」（心理的痛みに対する問いの一部）
「何を考えてますか？」（霊的痛みに対する問いの一部）
「どんなことを祈って欲しいですか？」（宗教的痛みに対する問いの一部）

　いろんな角度からの問いを混ぜながら、人との関係を作っていく。その距離感が合う人もいれば、合わない人もいる。だからいろんな人がいていいんだと思う。合う人がひとりでもいたら、力をもらえる。みんなに合わなくていいかも。はっちゃん、みらんちゃん、ツヅキ、粟国ちゃんおめでとう！　活躍を期待してます。あなたたちらしい出会いをしていってね。はつこはよく食べるし、よく育ったんか。

　皆さま、たくさんのお祈りやメッセージありがとうございます。皆さんの日常や皆さんの話を読むのも元気のもとでーす。おやすみなさい。明日も守られますように。耐える力を与えてください。

 2018年3月18日　**祈るということ**

　明日は、関学の卒業式……。

　皆さん、おめでとう。またもや行けなくてほんまにごめんな。この10年間、今の時期に4回入院し、卒業式にもやっぱり4回出れなかったように思います。こんな私のゼミに来てくれた歴代のゼミ生。いろんなことを話してくれたゼミ生たち。お勉強は……すみませんでしたが、みんなグループで一緒に揉まれてきました。ひとりひとりの人生の中で起こっていることを今でも話してくれる学生さんたちに感謝。千羽鶴ありがとうね！みんなの写真、つらい時に見ていろんなこと思い出し笑ったり反省したり、妄想タイム！　明日の卒業式、謝恩会いい会になりますように。明日は、私の代わりにちえちゃんが行ってくれるのもうれしいです！　ありがとう。

　熱が毎日。今日は気弱になってます。いつまで続くの？　先はあるの？

なんかみんな隠しごとしてない？ あかんかなー？ とか。いくらポジティ
ブに考えようとしても、こころが折れそうになる時もあります。家族のみ
の面会。来たら、必ず手を置いて祈ってくれます。うれしい。看護師の中
には、咳してたら来て背中をさすってくれたり、手を握ってくる人もいま
す。なんかわからんけど力もらえます。大森はエアハグの絵文字を毎朝送
りつけてきます。あーまたがんばろうって思ったり、弱気になったりの繰
り返し。天井を見上げながらの今日の妄想は、イエスさんが復活した話の
中で、大きな岩が動かされ、墓の中にはイエスさんがいなかった、とい
う話。誰があの岩動かしたんかーい。私の墓は閉まりっぱなしやないかー
い。開けてちょうだいよ！ 開け、ゴマ！ まだ動きません。墓から出た
いよ！ です。妄想タイム。
　私には、大きな信仰の課題があります。カナダの病院で働いていた頃、
私はチャプレンインターンでありながら祈れませんでした。ある時、外科
手術後、管をたくさんつながれた医学的にも治療がむずかしい患者さんの
家族に呼ばれました。少し話したあと祈らずに帰ろうとした時に家族から
「何をしに来たの？」と叱られました。でも祈ろうとしても、祈っても助
からないし。どう祈ったらいいのよって思うと、言葉が浮いてしまい、逃
げるようにその部屋を去りました。私の中での振り返りは、中３の時父が
アメリカに伝道旅行に行く途中で吐血し、アメリカの病院で死んだ体験が
大きかったんです。純粋な私は、神さまに「助けてください」と必死に祈
りました。「神さまの御用をしにきた父を助けてください」と祈ったにも
かかわらず、祈りは聞かれず父は死にました。ショックやったし、神さま
に失望しました。それ以来どこかこころの奥に「医学的に治療がむずかし
い人に対して、お祈りしてもどうなんかな」という思いがあります。しか
し、父が死んで40年。父の死は悲しかったけど、父の死にも意味があっ
たことを感じられるようになってきて、たとえ祈りが聞かれなかったとし
ても、それが終わりではないと、そう言える気持ちが生まれてきています。
　エイズカウンセラーをしていた時に、私の本職を知った肺がんの患者さ

んがベッドに正座をされ、「あんたの神さまにお祈りしてください」と言われ、癒されることを一緒に必死で祈りました。祈りながら、「家族や本人は、必死に信じて祈るよなー。私の親友もヤンチャしてた時、お兄ちゃんが毎朝裸足でお百度詣りしてたよな」と。その状況の中で、相手の思いを必死に祈る。そのあとに起こることは神さまが責任を取ってくださる。そう信じていく訓練の時を、今、自分の命と格闘する中で学んでいるように思います。いろんな方々がそれぞれの信じる対象に対して、私のことをお祈りしてくれていること、今日も命が守られたこと、祈りのチカラに委ねていきたいなという私。すんません、私は牧師でした。揺れて揺れてますが、祈りというテーマ、信頼というテーマを今は天井や壁を見ながら妄想タイム！　大きな岩が開いたら何が見えるんかな。

　今日も、準夜勤の看護師さんは昨日と一緒。安心で包んでくれてます。日勤の看護師さんも何度も来て手を握ってくれました。たえちゃん看護師さんも休み明けからリフレッシュして帰ってきました。この3人はA型の尻拭き大明神。なんせきれいに丁寧にふきふき。下ネタ炸裂しながら、私に付き合ってくれる人たちです。安心に包まれた時、さっきまで天井見て泣いてた私ですが、また明日もがんばろうって、思えました。

 2018年3月23日　**愛を受ける訓練**

　たくさんのエアトントンを感じます〔友人たちが遠方からもイメージで榎本さんの背中をトントンしてくれていることを「エアトントン」もしくは「エアトン」と呼んでいた〕。ありがとう。ステロイドの量が減ったせいか、昼からグデグデ。昼間発作が出たけど、市橋先生がいてくれて、背中をさすってくれた。やっぱり人の温もり、手当ては私には効く。ありがとう！　青木さんは仕事に私の看病。今日は疲れてダウン。かわいそう。病人のケアをするのが彼女の役割みたいにならせてしまい、青木さん自身がケアさ

れる機会がないのが心配。カナダの友人から「青木さんの話を1日5分は聞かなあかん」としかられた。介護してくださる人らの疲れや、思いを出せる場所は大切。

　今は夜中の2時。咳が出そうで怖くて目が覚めた。案の定、20分。夜勤がたまたまメガトントン〔息が苦しい時、上手に背中をトントンしてくれる看護師〕とたえちゃん看護師だったんで、すぐに来て背中をさすってくれる。毎日、この繰り返しに疲れてきた。主治医は「痰は出した方がいいので、つらいけどがんばって出してね」と。私が「マクドナルドのハンバーガーを4分の1食べられた」と報告したら喜んでくれたんで、「先生ありがとう」と自分の子どもくらいの主治医の手を握る。うれしそうにしていた。「痩せろ」とはよく言われてきたけど、「高タンパクをたくさん食べてください」と言われるのは生まれて初めて！　ビックリ！

　今観察室にいるのは3人。ひとつ挟んだおばあさんもたぶん同じ間質性肺炎。空咳。コンコン。痰がなかなか出ずに苦しそう。「お互い耐えましょうね」と、こころで叫ぶ。お互いもうすぐ眠れたらいいな。看護師さんが一生懸命におばあさんと話してる声が聞こえる。暗闇の中で朝を待つ。長いな。夕方の看護師さんが「来た時よりよくなったね」「来た時は、みんなバタバタやったんよ」「ちょっと落ち着き始めたかな」「家に帰れるようにみんなで力あわせましょう」「まだまだ先は長いわよ」と。「牛歩みたいやねー」と私が言うと、「牛歩は前に進んでるけど、この病気は前に進んだと思っても感染症にかかるとまた長いからねー」「大変だよ。ゆっくり、ゆっくり、休みながら、家に帰れるようにやっていこうね」と。私の場合、何が原因で肺がやられているのかまだ分からない。原因が分かるように今はお祈り中。長くなってもいいから、元気になって家に帰りたいっす！

　前回退院する際、主治医のひとりの井上先生と4月からの仕事について相談した。先生いわく、私は元気なら働く気まんまんやと思うし、働けることは榎本さんにとって生きる原動力になると思うけど、突然悪化した

時に「迷惑かけてしまう、申し訳ない」という思いを持ってしまい、治療に専念しなきゃいけないのに無理してしまうかもしれないから心配です、と。なんかあったら申し訳ない、迷惑をかけてしまう。うーむ、完全に読まれてる。やっと決断できました。症状の改善を目指し、神学部、大学からも理解していただき、しばらく休職させてもらい、治療に専念することを2月から産業医の先生としている。長引くかもしれない今回の入院。治療に専念できそうで感謝。環境を整えてくださったすべての方々、神たま〔「神さま」を意味する、てる子さんオリジナルの愛称〕に感謝。入院しながら、できることをしていきたい。いろんな準備をできる時間を与えられたこと、大切にしていこう。

　少し調子のいい時、本が読めるようになった。やっぱりトッパーの『牧会カウンセリングと援助職におけるスピリチュアリティ』(*Spirituality in Pastoral Counseling and the Community Helping Professions*) はうなずくことが多い。誰か訳してくれないかなー。いろんなスピリチュアリティについての定義も整理されてるが、実践現場において医療従事者が出した四つのモデルの観点がおもしろい。いろんな理論を見たけど、この四つの観点から自分の人生を見るのが、私にはシックリくる。1. 今起こっていることに意味を見出そうとする、2. 愛を与える、3. 愛を受け取る、4. 赦し・希望・創造。トッパーは、援助職についている人は愛を差し出すことはできるが愛を受け取ることが苦手であり、その要因のひとつとして、「メサイアコンプレックス」すなわち「救い主願望」が強いことを挙げている。そうそう、私もメサイアコンプレックス満載の人間。人に関わることで自分の価値を確かめようという野望をずっと持ってきた。

　キリスト教では、イエスさまは周縁に追いやられた人たちと共におられた方だからそのイエスさまの生き方に従って生きていきましょうとよく言うし、私もそういうメッセージをしてきた。しかし最近ふと、このメッセージを語る時、自分がいつも「助ける側のヒーロー」の立場で話していたことに気づいた。その結果、愛を差し出すことばかりが自分の役割と

なって「愛を受け取ること」「助けてくださいと言うこと」がむずかしく
なっていたように思う。私も助けを必要とする人間。私もうまく愛を受け
取りたい人間。愛を受け取れたら、自然にその方法を次の人に伝えられる
かも、と。

　入院し、からだを少し横にするだけで酸素が足りなくなる。ベッドから
動けない。人に助けてもらわなきゃならない。服も着れない、冷蔵庫にあ
るものも取れない、買い物行けない、自分で食べれない、ウンコもおしっ
こもできない。当たり前だったことがだんだんできなくなる自分。ナース
コールを押してまで頼むのも悪いしな。がまん、がまん。でもね、最近は、
こうやって生まれてきた姿に戻っていくんかなーと。オムツを替えてもら
い、清掃毎日してもらい、頭を洗ってもらい、背中をさすってもらう。冗
談や日常の生活で起こる笑い話をしたり、泣いたり。できなくなっている
自分が嫌だったし、恥ずかしかったし、このままの姿で生きていく意味は
あるんかなと思ったりしてたけど、フランクルが言ってた「生きがいは探
すものではなく、もうすでにあなたの前に置かれている」「あなたしかで
きないことがすでに用意されている」「人生があなたに何を問うているの
かを考える時間」なんかなと。

　私の病気は、日本に３万人くらいしかいないと前に聞いたことがある。
宝くじに当たるみたいなもんやん！　宝くじの方がいいわ。で、選ばれた
くなかったけど、もうその現実に生きている私は、ちょっと今までとは違
う観点で聖書も読んでみようかなって。最近は「よきサマリア人」の話で、
強盗にボコボコにされて黙って倒れてるユダヤ人の気持ちを考える。なん
で、助けてって言えなかったんやろ？　待ってる間どんな気持ちやったん
やろ？　などなど。「助けて」とうまく言えない社会の中で、自然にそれ
を言える関係性の築き方、そのバリエーションをたくさん知りたいと思っ
ている。

　私は、皆さんからのコメントやメッセージを単純にうれしく、ありがと
うと受け取らしてもらっている。前までは自分で壁を作って、私みたいな

ものにそんなことしてもらうのは申し訳ないし、恥ずかしいし、資格がないと勝手に自分で決めつけ、愛を受け取る方法がわからなかった。でも今は少しずつ、愛を受け取る訓練。なんかこころは軽くなってきてるかな。人は愛し愛される中で変化していくのかな。あ！　一般論にしたらあかんあかん。私は、ってこと。関係性の中で生まれる不思議な感覚、大切にしたいな。

　朝が来た、6時。明るくなってきた。おばあさんも静かになった。今日は、ねーちゃんとおかんが来てくれる。子ども返りしてる私。またまた長い文章になった。寝てばかりで座ってまだ仕事ができないので、今書き留められることをiPhoneで書いている。私の大好きな神学者のヘンリー・ナウエンは、「なぜ本を書くんですか」という問いに、以下のように答えたそうな。

　　私は自分の書いたものが人のためになるかどうか、まったく考えもしませんでした。私の一番大きな関心事は、自分に対して正直であり、その時に何を生きていたかを知り、その感情に触れることです。そしてもしそれが他の人にとっても有益ならば、いつかはそれがわかるだろうと信じていました。

　私も、自分に対して正直であり、その時に何を生きていたかを知り、自分の感情に触れ、それをどうしたいのか、そんな未知な世界を知りたいと思えるように今はなってる。嫌になる日もくるかも。「いま、ここ」を大切にしたい。やっと眠たくなってきた。空は明るくなってきた。ちょっと寝ますね。Have a good day!

2018年3月24日　嵐の中でも与えられる出会い

　おはようございます。昨夜はエアトンパワーでゆっくり眠れました。夜中に2度ほど軽い咳痰攻撃にあいましたが、すぐさま看護師さんが来て背中に手を置いてくれたら、皆さんのエアトンパワーも加わり、久々にゆっくり眠れました。こんな朝はまだまだいけるかもって、気持ちも前に進めますが、だるかったり、熱が出たり、呼吸困難な時は、こころもからだも弱りきる。そうするとすぐに死を考えてしまって、家族にあーして欲しい、とか言ってしまいます。でも、不思議な感覚なんですが、今の私はなんかすべてに感謝の気持ちが出てきます。いろんなことあったけど、感謝な人生やなーと。楽天的なんかな。だから、家族に私がもしも亡くなったら、葬儀という名前で式はしないで、私の生きてきた人生を祝う会 "Celebration of Teruko's Life" って名前にしてやとか、私らしくみんなでご飯食べたり、みんながつながっていけそうな会にしてやと話したりしています。妄想タイム。今は、そう思っているというのがポイント。また変わるし、恨みつらみ言っとるかもしれません。でも、こうして穏やかに朝が始まると1日が怖くありません。からだがだるかったり、頭が痛かったり、呼吸困難だったり、熱があると、また今日も長い不安な時間がきてしまう、憂鬱、いつまで続くのですか、とこころで叫びます。

　昨日は、家族が来て背中をさすったり、足をさすったり、すき焼き持ってきてくれたり、下の世話してくれたり。青木さんも夜疲れているのに仕事終わりにロッテリアでエビバーガー買ってきてくれて、背中に手を置いてお祈りして帰りました。甥っ子のこうたも大学院の修了式を終え、背広で謝恩会前にきて、手を握ってお祈りしてくれました。あのこうたがね。で、おもしろいのが、お祈りの中で「ボクはてる子ねーちゃんの遺志を継いでバザールに関わっていきます」と。あとで深く考えたら、まだ死んでないし……遺志ちゃうしと笑けてきました。おもろい甥っ子です。今日も

長い1日が始まります。安寧な1日に期待。

　昨日の日勤の看護師さんとは、処置中いろんな話をします。担当してもらえるとなぜか呼吸も安定し、不思議なパワーです。昨日はスポーツの話をしました。私は小さい頃、短距離競走が好きで、すばしっこかったです。反対に一番苦手だったのがマラソンや長距離。あれは何がおもしろいのか分からん、苦しいだけやん、と話してました。私たちが関学時代、体育の授業は必須で、甲山マラソンという時間内に戻らないとアウトっていう過酷な授業がありました。文学部の友達と二人で雪解けの水で足がぐちゃぐちゃになったり、道なきけもの道を見つけてそこを走り、最後は二人で歩きながらギリギリで戻ったように思います。今の学生は甲山マラソンがなくなっていてよかったね！

　この看護師さんは、スポーツ大好き。いろんなスポーツしてきたと、駅伝の選手だった時の話をしてくれました。「マラソンは、最後は自分の限界との闘い。もうだめって思っても、もうすこし踏ん張って超えられた時はほんまにうれしい」「駅伝が好きだった。ひとりやなくてタスキを渡していく、みんなで走る、ひとりやないと思うとなんかがんばれたわ」「榎本さんも、なかなか良くならなくて長期戦。でもね、家族さんやお友達がいて親身になってくれてるし、私たちもいるからね」「ここから出て何したいかってことを考える楽しみ持ってやっていこうね」と。泣けるやーん！　つらい時、医師が言った「3分の1は僕たち医療者ががんばります。3分の1は、榎本さんがんばろうね。そして残り3分の1は、神さまにがんばってもらいましょう」という言葉を、何度もこころで繰り返し、今があるように。

　私の人生、人との出会いが大きいです。そしてこんな嵐の中でも、まだまだ人を送り続けて、"you are not alone"「あなたはひとりやないよ」と語り続けてくださっている神たまに感謝。病院という新しい環境の中で、ひとりひとりの患者さんに誠心誠意を込めて話しかけているんやろな、この人〔看護師さん〕。出会いに感謝。

奥田〔知志〕牧師が関学セミナーで、「助けてと言える綱はたくさんあったほうがいい。数本の太い綱より、細くてもたくさんの綱があったほうがいい」と語った時、はじめはなんで？ と思いましたが、たしかにいろんな人が自分の受けた愛をまた隣に実践していくと、連鎖が起こる。優しい社会になるように。人との出会いの中で、愛を感じ合える社会がきますように。私は、人を傷つけたり、人が怖かったりするけど、やっぱり人が好きで、人への期待が大きいのと、人を通して働かれる神たまを限りなく求めているんだと思いました。皆さま、よき1日を！　Have a peaceful weekend!

3　愛に羽根が生えて羽ばたけるように

2018年3月28日〜2018年4月21日

　　　　　　　————カビとの闘いは続いていた。てる子さんは入院した時に医師と約束した自分の役割を精一杯果たしていた。食べること、前向きでいること、医師や周りの人に委ねること。それでも呼吸ができない時間が増えていた。あまりのしんどさに治ることをあきらめそうになった。ゲツセマネで「御心ならこの盃を取り去ってください」と祈ったイエスと同じ叫びを、神さまに向けていた。（青木理恵子）

 2018年3月28日　足を洗ってもらえる関係

　昨夜は、あれからしばらくしたら眠剤が効き、知らぬ間に朝まで寝れた。隣の人はどうなったか心配だけど、聞いたところで教えてくれるわけない。何もなかったようにまた日常がはじまる。Life goes on!
　イースターも近づいてきている。木曜日からは洗足式、受難日、安息日、イースターと続く。過越祭の前のこと。イエスは、この世から父のもとへと移されるご自分の時がきたことを悟り、世にいる弟子たちを愛して、この上なく愛し抜かれた。……食事の席から立ち上がって上着を脱ぎ、手ぬぐいを取って腰にまとわれた。それからたらいに水を汲んで弟子たちの足を洗い、腰にまとった手ぬぐいでふき始められた。……「主であり、師で

あるわたしがあなたがたの足を洗ったのだから、あなたがたも互いに足を洗い合わなければならない」（ヨハネ 13:14）。汚れていた弟子の足をイエスさまが洗った。この聖書箇所をもとに、多くの教会でもお互いの足を洗ってこの出来事を再現している。お互いに仕え合う愛の行為を思う日でもある。

　足を洗う。疲れや汚れ、あまり人に見せたくないそんな部分に触れていかれたイエスさまを、今年は違う意味で味わっている。実はこの 2 日間、へこんで泣いた。1 回目は、耳が聞こえるようになるために、耳鼻科受診をしに行った時のこと。ベッドに寝たきり状態が約 1 ヶ月続いているけど、少しずつ呼吸は楽になってきていると思っていた。しかし実際はベッドの上に座る動作をするだけで呼吸が乱れて苦しむ。今まで簡単に自分で車イスに乗れていたんで、これくらいできると思って立ち上がろうとしても足に力が入らず、3 人がかりで車イスに移動。呼吸はもう限界というくらいできなくて、しばらく酸素量を上げて落ち着くまで車イスに。車イスからの移動が 4 回。最後にベッド帰ってきて寝た時は安堵でも、立てない、力が入らない、自力で車イスに乗れない……。なんか悲しくなって泣いた。リハビリの先生は「焦らずゆっくりやりましょう。1 ヶ月寝てたら皆さんそんな感じだから」と、励ましてくれる。ただ、歩く練習もしたいけど、今は少しでも動くと息ができないので、リハビリでも筋肉のほぐしをしてもらっている。急性期のこの病院には長く入院できないから、今後在宅での生活のあり方を考えると……昨日から不安しかない。トイレは行けない、急に咳と痰で酸素が足りなくなる、歩けない、着替えすらできない。病院ならすぐに看護師さんや医師が来てくれる。家に帰ったら 24 時間どうやって生きていくんやろー。みんなにも生活あるし……。今以上のことをしてもらうのはむずかしいし。どうしていいやら、ぐるぐるめぐり。ただただ、自分がだんだんできなくなることが増え、悲しくて、悲しくて……涙が出てくる。

　スピリチュアルケアの指導者、キッペスが人間の苦痛のひとつに「お世

話になること」を挙げていた。ほんまやな。私にとって、お世話になることへの苦しさはどこからくるんだろう。今思っているのは、恥ずかしい自分を見せないといけないこと。「私よりも大変な人がいるからそちらに行ってくださいね」という言葉を病院で言ってる。その私の心理的背景には、自分のしんどさへの過少評価やプライド、現実を受け入れられない自分との闘いがあるんかなと。

　今日は義理の姉の康子さんが昼から来て、マッサージや昼ごはんを食べる手伝いをしてくれた。昼すぎ、看護師さんがバタバタ忙しくしていた時間があった。その際、自然現象であるウンコがしたくなり、1時間我慢したけど限界に達し、初めて康子さんに「おトイレのお世話を手伝ってくれますか」と頼んだ。ねーさんは、「いいよ」と。私の履いているオムツを取って、ベッドパットをお尻に持ってきてくれた。排泄が終わると、私のお尻を一生懸命に拭いて、またオムツをしてくれた。恥ずかしい思い、申し訳ない思い、複雑な思いでまた悲しくて涙が出てきた。「ねーさんありがとうね。こんなこと頼めなかったよ。ありがとう」と言うと、ねーさんが「こちらこそありがとうね。勇気がいったでしょ。こんな関わりをさせてもらえることがうれしいよ。頼む人の方が大変だから。言ってくれてありがとうね」と。また涙が出てきた。弱さを見せる。自分の恥ずかしい部分をこんな形で裸にされていく。こんな状態にならない限り、私は自分が愛を受けるに値する、価値ある人間であるということを認められなかったんかも。ねーさんの言葉がうれしかった。一歩進んだかな。こころに闇を抱えて生きてきた自分も、プライドや恥ずかしさで自分のニーズを隠しながら生きてきた自分も、一生懸命に生きてきたかわいいやつやなと、ナルシストてる子は少し思えるようになったかな。

　足を洗ってもらえる関係。それは弱さを出せる関係かな。口に出すのもよし、言語化できなくてもそっとそれに触れて、握ってくれる。弱さを出す勇気をもらえる関係の象徴かもしれないと。ということは、この長い独白ができるようになったのも、すごいことなんだなと。ありがとう。

最近私は、自分は赤ちゃんに戻り、死ぬことは生まれてきた産道を通って、子宮の中の安心感に戻っていくようなものかなとイメージしている。赤ちゃんはオムツを替えてもらったり、おっぱい吸ったりして、身を委ねる。そして自分や他者を信頼することを学ぶ時期でもある。私にとっても、自分の価値を自分で信頼してあげたり、他者の愛に身を委ねる勇気を持てるようになっていく中で、私を子宮の中で安心して受け止めてくださる神たまに魂を委ねられる、そんな練習なんかなと。あ、また死ぬ死ぬ詐欺がはじまった！　リハビリはりきって、ご飯食べて、元気取り戻せるように、今から心臓と肺に手を置いてがんばってねと祈ります。足を洗うことの意味、いつもと違う感覚で感じられたことに感謝しつつ、時に襲う不安感から、今日1日は足を洗えますように。もうすぐイースター。今年は何を感じるかな。ありがとうございます。Have a good day!

 2018年3月29日　病院の窓からお花見

　今日は久しぶりに治療効果の判断のために、朝からCTを撮るという大作業があった。忙しい日に、この大移動を担当してくれた看護師イージーゴーイングちゃん〔とても楽天的で前向きな看護師さん〕は走り回り、晩は疲れ切ったようで、他の看護師さんから彼女が部屋でぼーっとしていたと聞いた。明るくて臨機応変、楽しい看護を提供してくれる。ありがとう。「明日は私に当たりたくないやろ〜」と言うと、ニコニコしながら「そんなことないよ」と言う。「でも目はかなん、かなんって訴えてるで！」と突っ込んでみる。笑って去っていった。しんどい治療の中でのひと時の笑い。こころが和む。カナダにいた頃、ジャマイカからきたシングルマザーのグループセラピーみたいな集まりに参加した際、ほんまに苦労している女性たちが笑っていた。「笑いはセラピーなのよ」と、あっけらかんと言っていた。

CTを撮りに行くため、車椅子ではなく久しぶりにストレッチャーに乗せてもらった。私には入院時から3人のお医者さんがついてくれている。2人は27歳。最終的に診てくれる先生もたぶん30代。ストレッチャーに乗せてくれたのも、さっきの看護師さんと若手の医師。「榎本さん、がんばってくださいね。あっ！　一緒にがんばりましょうね」と。日に日にかわいらしさが増してくる。いい人なんだろうな。一生懸命な人。「先生、寿司屋で寿司握ってそうやなー、似合ってるよ！」とか、冗談を言っても大丈夫。どうなっていくかな。楽しみ。先生、私を助けてよと、いつも念を押す。

　よく担当してくれて、こまめに配慮をしてくれる看護師さんがいる。彼女の笑顔に何度も救われる。またへこんでいる時、なぜかそばに来てくれていて、泣きながら愚痴る私の話を聞いてくれる。彼女が、CT行く前に「川端通りの桜がきれいに咲いてるから、帰りに廊下の窓からお花見してきたら」とわざわざ言いに来てくれた。ずっと前に「なんだか天井しか見てないなー、桜も見たいなー」と話したのを覚えてくれていた。帰りに、明るい看護師さん、寿司屋のにーちゃん風の医師、突然現れた看護師長とストレッチャーで窓からしばらく桜を見せてもらった。入院して1ヶ月。「桜も見れたよねー、次は大文字見たいな。先生よろしく」と話す。

　夕方医師から結果を聞く。肺の崩れかけている城壁に忍び寄り、べたっとくっついていた白い影がなくなってきている。「先生、カビキラーとたわしでこすってたもん。よかったわ」というと、先生は「もうひとつ新たな白い影っぽいのがあるから、細菌性肺炎の新しいのか間質性肺炎が進んでいるのか、映り方が変やっただけなのか評価して治療をしていきます」と。一難去ってまた一難。日和見感染とのイタチの追いかけごっこ。先生いわく、「よくがんばってるよ。榎本さんの中に何か力があるように思うよ」「本来疲れてしんどくなる時期なんだけど、良くなっている気がする。前向きな姿勢が今の結果を出しているんだと思うよ」と。まだまだ不安定だけど、酸素の量を少なくしながら息ができているのもうれしいです。皆

さま、ありがとう。トントンパワーすごいな。

　咳痰が続く日は、ほんまにしんどすぎてもうだめ、とあきらめかけたりする。崩れた城壁の穴に指を突っ込んでこれ以上ドロドロ物質が入らないように必死に食い止めているのに疲れて、何度もベッドの柵を握り生き延びてきた。今の私がここまで来れたのはなんでかって考えた。

1. この世がまだまだ好きすぎて死にたくないと思う気持ち
2. まだまだやらなきゃならない神たまからの使命があると信じて、癒しを祈る気持ち
3. ひとりやないよ、とあらゆる方法で伝えてくれる人や出来事の存在
4. 誠心誠意を込めたケアを受けられていること
5. 退院してからの楽しみを妄想
6. この長い独白タイム

　あんだけしんどいのによく書いたわ。でも書くことが明日を生きる力にもなった。スピリチュアルケアのアカデミックな議論も興味があるけど、病んで思ったのは、むずかしい理論や概念も必要やけど、実はもっと単純なことで、だけどなかなかできないこと。すなわち、親身になる、誠心誠意を込めて接する、覚えてくれている、手を握る、笑顔、思いを伝える、ただただ「そうなんだね〜」と聞いてくれる、祈ってくれる、私とあなたの関係で話せる、治療においても見捨てられない感が持てる。そんな関係性が生きる力、耐える力を支えてくれているように思う。いろんな人がいていい。だって感じ方は人それぞれやし、合う人も合わない人もいるのが当たり前。これでいいのだ！

　大切な姿勢を今学んでいる。ありがたや。まだまだ闘っていかなきゃならず、不安とまたこころが折れそうになったりしてるけど、耐え切れるように、癒される日が来ますように、引き続きお祈りください。私は、まだまだ怯えながら乱気流が落ち着くのを待っている、というのが正直な気持

ち。皆さんがフェイスブックにあげてる記事、いつも読ませてもらい、私もがんばろうって思えたり、あれ食べたいと食欲がでたり、国家試験に合格した話を読むとすごくうれしいし、力をもらえてる。また、不正義に対する様々な行動に「御心の天になるごとく、地にもなさせたまえ」と祈っている。ひとりひとりの人生。Life goes on.

 2018年4月9日　**愛とは**

　2日前から、なぜか咳と痰でやられてました。耳がまた中耳炎、そのうえ口内カンジタが出てきたり。3歩進んで2歩下がるという感じの繰り返しです。まだまだ酸素がリザーブマスクで9–15の数値をウロウロしてるので、自宅に帰るのは不安です。中耳炎の治療は感染症のリスクがあるので、なかなか進まず聞こえにくいので大変です。仕方ないです。とりあえず、大文字を目指します！　主治医も、「1年やしな。前の病院で言われた余命やから、超えましょう！」と言ってくれて、うれしくて手を差し出すと握ってくれました。安心……。

　青木さんが来て、ラルシュ共同体をはじめたジャン・バニエがCNNのインタビューの中で「人には交わりが必要である」と話していたと教えてくれた。これはよく奥田知志先生も言っている「つながり、触れ合いによって人は生きる」という話にも通じるように思います。

　私も病に倒れて以来、自分の回復は愛し愛される中で起こってきていることを確信していて、どんな人にもこのような交わりが必要なんだと思いました。人との交わりは、いいことだけではないと思います。嫌なこと、腹立つこと、いっぱいあります。私にもあります。でも、そのことを考えると呼吸も乱れ、息をしにくくなり、自分のからだを攻撃してしまい、苦しいだけで何ひとついいことありません。だから、そんなことに自分の時間を使うのはもうもったいないので、手放して、取り込まないようにしな

第3部　フェイスブックへの投稿

いと自分の命に関わる、そう思えるようになってきました。それでも時々
何か聞くと動揺して、自分で勝手に取り込み、呼吸が乱れます。けど、意
識的に考えることを止めようとしています。今の病院生活、それができる
環境を神たまが与えてくれてます。ありがたいです。愛し愛される環境が
ひとつあることが大切なんだと思いました。その環境をお互いにつくって
いける。そんな思いを分かち合える人たちがそこらへんで増えまくったら、
世の中もう少し楽になるんじゃないかと。私もいろんな人から愛すること
について学んでます。

　　愛とは、その人の存在を思うこと
　　愛とは、その人に思いを伝えること
　　愛とは、その人が喜ぶことをさりげなくすること
　　愛とは、あたたかい手
　　愛とは、待ってくれること
　　愛とは、祈ること
　　愛とは、その人が一番恥ずかしいと思うことを、大丈夫やでと言って
　　　　してくれること
　　愛とは、その人のようにはなれないけど、なろうとしていることが伝
　　　　わること
　　愛とは、おいしいご飯を運んでくれること
　　愛とは、笑わせてくれること
　　愛とは、日常を運んでくれること
　　愛とは、私とちゃんと向き合ってくれること
　　愛とは、こんな長いうんちくフェイスブックを読んでくれたり、コメ
　　　　ントくれたり、自分の体験を分かち合ってくれたりすること

など、私にとっての愛の数が増えています。皆さんにとっての愛はまた違
うかもしれません。違うから、いいんだと思います。違うからこそ、合う

人同士が愛をささげられるし、また違う人の愛の感じ方を知ることで、愛に羽根が生えて羽ばたけるのかもしれません。でもやっぱり、人との交わりが私には必要みたいです。でもどんなに交わりがあっても、ひとりで立たなければならない場所があります。そこがどこなのかを学ぶ時間を今与えられています。

　ヘンリー・ナウエンの感じた孤独の意味を味わっています。私にとってのスピリチュアルケアはもう理論云々より、愛し愛される中で、すべて関係性の中で人が変わり、成長し、癒されることなんだと思うようになってきてます。愛についてもっと学んでいきたいです。

　昨日と今日は、おねーちゃんとおかーちゃんが来てくれました。私の好きなご飯を作ってくれて、バナナケーキは今泉さんのおかーさんのレシピ、ねーちゃんが作ってきてくれました。口から食べる、体力をつけることが今大切なのです。呼吸をするのがこんなに体力とエネルギーがいるということ、食べることがこんな大変なことなのかということを知っていく毎日です。飲み込む間、息が止まります。私の場合、一気にエベレスト山の上にいるくらいの酸素の量になるんで、食べることが好きな私は、3分の2くらい食べられたらめちゃうれしい。痩せましたよ！　でもね、こうして滋賀から70近い姉と90過ぎの母が、私の食べたいものを作って持ってきてくれて、二人の顔を見ると安心して、ウンコも出ます。

　母は、今日初めて私のウンコの世話をしてくれました。笑いながら「てる子のウンコの世話が一番楽しいわ」とケラケラ。「何がおもしろいん？」と聞くと、「自分の親にも夫にもしてあげたことないのに、大人の子どもにするなんて不思議やないの」「お尻の穴とか自分の見られないし、あんたのは案外小さいな」「お尻のふき方やオムツの仕方もあんたに教えてもらいながらしたし、あんたのウンコ2回やで。カレーみたい」「それもな、甘口カレーのルーやなくて辛口カレーのルーみたいや。すごいなー」とケラケラ（笑）。その間、ずっとお尻をあげて腹筋を使っている私は、息が乱れ酸素不足に。でも耳が聞こえない勝手連の母は、おかまいなく笑い飛

ばしながら、好きなこと言いながらオムツ交換してました。何ひとつ嫌な顔しないで、楽しかったと言った母の言葉は本当にうれしかった。あれだけ反発して、家庭内暴力を振るってお互い噛み合わなかった母。そのあと母はしみじみと、「私たち家族にはいつもお客さまが家に来ていて、家族の団欒がなかったな」「おかあちゃんも思い出す団欒は淡路の実家でのこと」「悲しいけどお父ちゃんとの団欒はなかったな」「それはそれでいろんな人に助けてもらって生きてこれたからいいんだけど、あんたらには寂しい思いさせたな」とポツポツ昔話をしてくれます。

　こんなに病まなかったら、ねーちゃんやおかあちゃんとの深〜い交わりはできなかったように思います。なんか、神たまが今、家族の大切な時間をくれているように思います。面会も限られた人に限定しないといけない病状で、住む世界も狭いです。でも、毎日来てくれる寿司屋のにーちゃん医師、星野源似の医師、メタファーの医師、プラス明るい研修医、ひとりひとり大当たりのように、個性豊かなケアを提供してくれてる看護師、リハビリの先生。交わりがあり、こころの触れ合いがあり、ひとりひとりが日常を運んでくれる。どんな状況にも安心を提供してくれている。安心して過ごせる環境は私にとって魂の癒しへとつながっています。

　今日の昼の担当はイージーゴーイングちゃん。母を見て、おもしろいお母さんやなーと。その前には少し自分の家族の話をしてくれました。おかんが彼女に、1回目のウンコ入りベッドパットを「カレーライスです」と渡すと、ケラケラ笑ってました。2回目は、「カレーライスウンコのおかわり！」と、ケラケラ笑いながら渡すと、彼女もケラケラ笑いながら受け取り、会話を交わしていました。いい光景です。おかんはうれしかったみたいです。彼女やからできた会話やと思います。こんな光景も安心を与えてくれてます。晩は、白衣の天使になりたい看護師さん。酸素は安心。挨拶に来て、今ハイタッチ。また安心をいただきました。今日は、寝てる間にいくつまで酸素を下げはるか楽しみ！　あと、皆さまから感じるエアトントン。ありがとうございます。これも安心を与えてくれてます。不

安に満ちた闘病生活。愛し愛される中で安心して1日を過ごせることが、私の力になっていると感じてます。また、神たまが与えてくださっている家族との出会い直しを大切にしたいです。ありがとう。

　おかん、笑う暇とおしりの穴の研究する暇があったら、早くオムツ替えてや！　息できひんねんから（笑）！　またウンコネタで失礼。

 2018年4月10日　**SMの女王さま**

　昨夜は痰に苦しみ、1時間おきに起きてしまい朝はヘロヘロ。明日CTを撮ってまた肺炎に罹ってないか調べます。は〜。朝から二人の担当医と研修医が部屋に来て、長い間私の症状聞いてくれたんで、大丈夫かな。優しい人たちです。驚きは、研修医の先生。親御さんがクリスチャンで、いろいろ傷つき教会に行けてない話をしてくれたり、なんか出会うべくして出会った人って感じで深〜い話をしています。

　神たまは、不思議な出会いを与えてくれます。メガトン看護師は今日も走り回っていたようです。さっき少し立ち寄ってくれました。メガトン看護師に「幸せってなんですか？」と聞いたら、「家族の健康」と答えました。メガトン看護師を見ていると、家族のために必死に働き、自分のことは二の次のように感じてました。今日はそう感じていたことを話すと、メガトン看護師は、初めて友達と嵐のコンサートに行った話や、自分へのご褒美に思い切って車を買った話をしてくれました。「自分のためによくやったね。ご褒美をあげれるようになった話を聞けてうれしいよ」と話したら、涙が出てきました。嵐のコンサートの話を生き生きと語る彼女に、なぜか解放感を感じてうれしかったです。一生懸命に働く自分を抱きしめてあげる。エンブレイス〔embrace＝抱きしめること、受容すること〕大切やなと思いました。

　今日もうれしいことがありました。私にはSMの女王さまをしていた友

第３部　フェイスブックへの投稿

達がいます。今日は彼女が私の世話をしに来てくれました。自宅に帰る日
のことを考えていると、今の酸素状態では、なかなか起きてトイレにいけ
ません。どうしてもベッドの上で差し込み便器でしないと無理な感じです。
世話をしに来てくれる人をどうしても考えてしまいます。訪問看護師、ヘ
ルパーさんの導入もしますが、母、姉、青木さん、康子さんの４人では
回らない……、どうしたらいいのか頭が痛くなってました。ひょっとした
ら、この SM の女王さまならいろんなプレーしてきたし、慣れてるから大
丈夫かな。いや、友達にお尻の穴を見せるのは恥ずかしい……と行ったり
来たりしてました。今日はモスバーガーを買って持って来てもらい、咳が
出るので、ずっと背中をさすってくれてました。手当ての効果はすごいで
す。咳も痰もあまり出ず、モスバーガーも全部食べられました。血糖値は
やばかったですが、とにかく食べられる時は高タンパクのものを私の場合
は取った方がいいみたいなんで。しばらくしたらお腹が痛くなり、どうし
ようかなー。頼むか頼まないか悩みました。自然現象は止めることができ
ません。勇気を出して、彼女に「ウンコの世話してくれる？」と頼みまし
た。彼女のひと言目は「やった～！　やらしてくれるんや！」私は彼女の
「やった～」にビックリ！　手際よくオムツを取ってくれ、排泄後も嫌な
顔ひとつせずにきれいに拭いてくれ、手際よくオムツをはかせてくれ、何
もなかったようにまた背中をさすってくれてました。涙が出てきました。
ありがたいです。まさに解放感を味わいました。

　それから彼女は SM の女王さまになって感じたことを話してくれました。
彼女は女王になってすごい解放感を味わったようです。いろんな育った環
境もあり、人に注目される、見られるということの喜びも感じたそうです。
人に興味を持ってもらえる、関心を持ってもらえる、それは存在を見ても
らえること。愛とは存在を見てもらえるということにつながるなーと、彼
女の話を聞いて思いました。しかし彼女はそのあと「でも今は違う意味で
幸せ。今は人のことも思える。自分の解放感だけでなく、人のことも考え
られるようになりました」と話してました（私の解釈です。間違えてたらご

176

めんな)。やった〜！と言って自然な形で下の世話をしてくれた彼女の背景に、スカトロプレーなんかも解放感があったからこそ、私に解放感をくれたんやなー。SMの女王さまばんざい！　いい友達です。ありがとうね！

　私にとってウンコや恥部を見せるのは、裸になること、とても勇気がいること。こだわりなんで、毎度この話が続いていますが、お許しください。帰り際に私の胸に手を置いてお祈りして帰ってくれます。うれしいです。みんなの思いを代表してお祈りしてくれてるように思います。今日もたくさんウンコ出ました！　あ！　女王さまには、今日のこと書くよと許可してもらってます。

 2018年4月12日　**肺炎再発**

　ふりだしに戻る。何なんだろうねー。点滴再開。肺炎。おまけに心拍数があがり、心臓ががんばりすぎ。今日は自分の肺と心臓をさすりながら「あんまり無理しないでね」と呟く。弱気にならないようにお祈りください。おやすみなさい。少し疲れたかな。でもそんな時、気になる学生や人の顔が浮かんだり……。

 2018年4月12日　**ゲツセマネのイエスを思う**

　今点滴3本目。危機がくるたびに聞かれる質問。延命措置はしたいか。毎回、死を突きつけられる。弱っているとなかなか揺らぐ。イエスさまがゲツセマネの祈りで3度も弟子に声をかけて一緒に祈って欲しいと。涙が血の滴るように。なんか運命を知っていながらも、覚悟することに揺らいだイエスさまに癒される。

2018年4月13日　無意識に三人称を使うと

　今日は朝から、私が信頼し、エンジェルと呼んでいる看護師さんが担当だった。昨日、心拍数が上がり、延命措置の話をしたのも彼女だった。その際、彼女が私に「人間はみんな死ぬんだよ」と言ったのがずっと気になり、昨夜はなぜそう言ったのかが分からず考えていた。一人称として自分の死に方について考えたり想像したりすること、容態が不安定な昨日は急に漠然とした不安と怖さがあった。その時に、三人称で人間はみんな死ぬという話は、そらそうだけど、だから……という思いになった。けれど、彼女の素敵なところは、そこから座り直し、話を聴いてくれる雰囲気をだしてくれるところ。私は自分の中にある悔しさ、不安、怖さなどなどを自分の子どもの歳くらいの彼女に話すとまた涙が出てきた。その涙や気持ちを彼女は黙って聴いて、手を握ってくれた。だから信頼している。で、どうしても彼女だからこそ、人間はみんな死ぬということを言った時、どんな思いで言ったの？と朝から聞いてみた。

　彼女は、私に様態の変化があり、このタイミングで延命措置の話をするのは、不安を煽ることになると思い、あなただけに話しているのではなくどの患者さんにも話しているから、あんまり不安にならないでほしいという思いだったのかもしれないと話してくれました。そんな先を読んだ配慮やったんやね、と言うと、少し言葉が足りなかったかもしれない、と。なんか、朝からちゃんと話ができてよかったです。

　私も含め、一人称で自分の死や苦しみを考え悩んでいる人に、無意識に一般論で人間はみんな死ぬんだよ、とか、みんなそれぞれ悩みながら生きているんだよ、とか言ってしまう時があります。しかし、ひとりひとり一人称で向き合っている死や苦しみ、それに応答できるのは、まずその人の呻きを言葉や文脈や醸し出す雰囲気で感じ聴くことから始まるのかなと

思った出来事でした。で、三人称で話しても、もう一度心も身体も座り直したら、ちゃんと話ができたこと、そして嫌だったと伝えるのではなく、私自身が自分の気持ちと向き合った時に、彼女だからこそ三人称で話されたのが寂しかったと分かり、そのあとちゃんと聴いてくれてありがとうと言えたんだと思います。無意識に使ってしまう三人称が及ぼす影響について考えたりできてよかったです。ヨブ記のヨブの友達みたいに、個人の苦しみの中で考えたり感じたりする痛みを聴けずに無意識に悪気なく一般論を言ってしまう自分があることを意識していきたいです。

　ある人のコメントで「何かを信じられること、信じてくれる人がたくさんいること、幸せでしょう」と。ほんまにそうやと思います。ありがとう。

　今日はカンファレンスがあり、そのあと先生が来て、今までの私の奇跡を話してくれました。酸素15リッターでカツ丼食べる人は見たことがない。キャッチャーマスクしながら飴を食べた人も見たことない。今回の肺炎再発も一緒に乗り越えていきましょうと。そんな奇跡も、皆さんのトントンとお祈りのおかげです。

　いい人たちに出会えた人生、まだまだ出会いを続けたいし、最後の時まで出会いを楽しみたいです。治療、時々休みながらでも今回も乗り越えていけたらと祈ります。皆さん、ありがとう。

 2018年4月14日　**医療者との関係を育む**

Halten Sie durch〔ドイツ語：ハルテン ジ ドゥルヒ〕＝がんばって

　今日の青木さんが買ってきた飴のチェルシーに書いてあったメッセージ！　次々食べる飴はがんばってシリーズ。タイミングのいい飴。

　今日のハイライトは、夕方5時半から1時間の寿司屋のにーちゃん医師との会話。

　「榎本さん、誰も医師がこなかったら寂しいと思ってボク来ました」

「心配で来たんと違うんですか？（笑）」

にーちゃんも照れ笑い。

「ほんまは、心配で来ましたって言いたかったんでしょう」

照れながらうなずく。

「もー、優しいんやから！　先生は、スルメみたいに噛めば噛むほど味でます」

「そんなことないですよー。ボクは薄っぺらい中身のない人です」

「なんで、いつも自分のことネガティヴに言うんですか？」

しばらく、いろんなご自身の葛藤を話してくれる。

「先生、理想も高いし、石橋壊しかけて渡るタイプみたいですね。決して安っぽい希望は言って欲しくないし、先生もしたくないと思うけど、たとえば私が今日はなんか薬が効いていい感じになってきてるって感じるって言ったら、それはどうかと顔で表現するんやなくて、よかったですねそんな風に思えて、データもよくなってたらいいねとか言ってくれたら元気でますやん。先生自身が慎重やし、ネガティヴにいろいろ自分見てはるから、私にもネガティヴで慎重な発言しはるんやと思いますわ」

いろいろまた、話を深める。で、帯状疱疹を診てくれ、毎日肺の音を聞いてくれ、肺の炎症があるから水の音がしていて、炎症が治まったら酸素の吸収もよくなると話してくれました。原因が分からないくらい難しいみたいだけど、私の症状の訴えをちゃんと聞いてくれて学会症例を探し、あるカビが原因かもしれないというところまで３人の主治医たちが突き止めて、今対応してくれています。しつこい訴えを信じてくれてることがうれしいとも伝えました。

こんな素直で、まっすぐで話しやすい医師はなかなかいません。怖くないし、話を聴いてくれるし、先生に私なんかが要望まで言えるなんて。耳がまったく聞こえなくて一番つらい時に、必死で友達の医師を探して耳鼻科に連れて行ってくれたのもうれしかったと話しました。

毎回聴診器を当ててくれて、肺の音を聞いてくれ、様子や変化を教えて

くれるのもうれしいです。

　最後に私は必ず先生に手を出して握ってもらう儀式をします。その際、先生が突然、「榎本さん、ボクは榎本さん以上にあきらめない人間です。榎本さんもあきらめないけど、ボクもあきらめません」「先生、それって、一緒にこの危機を乗り越えましょうということですか。そして、ボクもがんばるから、榎本さんもあきらめないでと言いたいんですか？」照れながらうなずく。「うれしいです。涙が出てくる」「榎本さんが泣いたらボクも涙が出てきますから」。

　手を握り合っている時に看護師さんが入って来て恥ずかしくなり終了。

　優しいお医者さん。最後にネガティヴビームやなくてとってもステキなパワーを置いていってくれた寿司屋のにーちゃん風お医者さん。きっと自分に対してのネガティヴパワーが変わったら、もっともっとにーちゃんの良さが炸裂するなーと思える時間でした。

　私の肺の状況は悪いけど、ここの病院での医療者、在宅看護の皆さま、遡って言えば病気を見つけてくれた病院、その後の病院、それぞれの時に皆さんに支えてもらったように思い、もう少し神さまの御用をするために命を守ってください、こうしてあきらめの悪い医師がいてくれるのを励みに私もあきらめないように、でもがんばりすぎないようにやっていこうと思えた1日の終わりのステキな時間でした。神たま、ありがとう。今回の肺炎も乗り切れ、自宅に帰れるようにお祈りください。

 2018年4月18日　**再び観察室へ**

　ずいぶんフェイスブック書けてなかったな。病状が不安定すぎ。もうジェットコースターに乗ってる感じ。今日はとうとう観察室、スゴロクで言ったらスタートに戻る。はー、小さいからだのおかんが泣いているのを見るのもつらかった。おかんはしきりに病院の病棟にある言葉、「辛いに

プラスを付けたら幸せになるんやで」と伝えにくる。涙を流しながら小さな92歳のおかんが言う。悲しかった。医療者も一緒にがんばってくれてる。寿司屋のにーちゃんが手を出してきて、「ボクに彼女ができて幸せになるまでは生きていてください」。いつやね〜ん！　できるんか〜い！って言って笑う。今回も乗り越えられるかな。

　山下弘子さんがインタビューの中で、「神さまは残酷なことをする」と言っていた。結婚して、幸せ絶頂の時に悪化したガン。どんな思いだったんやろな。家族が彼女のベッドの周りにいて足をさすったり、頭をなでたり、意識のない彼女に精一杯の愛情を伝えている。私には、意識がない中病室でさすられている彼女の写真が一番グッときた。

　闘病している人たちばかりの病院。みんなつらい治療に耐えている。その中で日常的に患者に関わる医師や看護師さんの存在がいかに治療生活に影響を与えるか、痛感している。私もつらい、神さまは残酷なことをすると今は思っている。つらいと、もうあきらめたくなる、しんどいし。でもそんな時、あきらめの愚痴も含めて聞いてもらえる環境に救われている。今医師たちが「今回のキャッチャーマスクはからだもこころも休めるための期間だから、ゆっくり休んで敵と戦いましょう」と話しに来てくれた。良くなるためのプロセスだから……と思えるようになった。

 2018年4月20日　**どこで最期を迎えるのか**

　一昨日18日の晩から昨日19日の昼にかけて死ぬんかなぁ、と思うくらいグロッキーになった。その時私は家で死にたいのか、病院で死を迎えるのか、ずっと苦しい中考えていました。家って一体何だろう、私は今まで引越しの人生、いつも家がただの寝る場所なんかなぁ。家はひょっとしたら私にとっては、箱なのかもしれない。その箱に何を入れたいのかを考えた。やっぱり、私にとって家とはつながりなんだなぁと思った時、私は

病院で死にたいと思いました。なぜなら、この2ヶ月間治療共同体の中でたくさんの愛を受けてきました。皆さんにお会いしたいけど体力がないし、耳が聴こえにくくなっておりなかなかお会いできません。メールでの励まし、すごくうれしいです。見えないけれどたくさんの愛をいただいていること、感謝しております。

家族がまたひとつに結束する機会を神さまが与えてくださり、親の愛、姉の愛、義姉の愛、ハードルが高くて言いにくいですが兄の愛、下鴨シスターズの愛を感じられること、こんな日がくるなんて思ってもいませんでした。愛を受ける練習。でも、愛を受けるのは本当に心地よく、この愛を受けることが、また人に愛を伝えることの始まりのように思います。

病院でできつつある治療共同体ではめっちゃ苦しい時、夜勤の巨匠（イージーゴーイング）がちょうど夜勤で、勤務終了後見に来てくれたり、めっちゃ苦しい時、メガトンが目覚めた時目の前に立っていて心配そうに手を握ってくれました。たえちゃんは溜まっていた痰を吸引してくれ、ずいぶん楽になりました。夜宇宙人のような看護師さんが痰を吸引してくれたり、青木さんが泊まる準備をしてくれました。

そして一番不安な深夜（夜は怖くて寝れません。発作が起きたらどうしよう、目をつぶったら怖くて寝れません）。そんな時、5時に夜が明けると20人近くの患者を担当している私のエンジェルは来てくれていて、落ち着くまで長時間側にいて手を握り、静かにお互い見つめ合い、背中をさすってくれつらさを理解してくれるように思いました。彼女は帰り際に、落ち着いた声で「大丈夫、大丈夫」と言って帰りました。大丈夫という言葉の何が大丈夫か分からないけれど、きっとあきらめかけていた私の闘病生活にもう一度がんばろう！ という気持ちを与えてくれました。

主治医は何度も来てくださり、また寿司屋のにいちゃんが、この週末がヤマ場で今はボクたちががんばる時だから榎本さんはゆっくりしてくださいと言ってくれました。研修医の先生は1日2回来てくれて、朝のつらい姿を見ていたので夕方、話しながら泣いていました（これほど心配して

くれるのかなぁ、お医者さんが泣くからもう死ぬんかなと、ちょっと不安になったけど)。来てくれて嬉しかったです。こういう環境を考えた時に、この人たちのもとで守られて死を迎えることの方が私にとっては家で死を迎えるより安心です。

　聖書の話に「治りたいのか」とイエスさまが聞く場面があります。病人に治りたいのか、と聞くのは当たり前だと今まで思っていましたし、治りたいとすぐ言うのも当たり前、でもこの 2 ヶ月で良くなったり悪くなったりの連続の中で、治りたいという思いを越えたしんどさの方が勝つことがありました。人間の気持ちって複雑ですね。

　治りたいとは思うものの、しんどくてもうがんばる気力もないと思うこともあります。そんな時、皆さんのメッセージや医療者のケア、そして家族の愛に励まされ、もう一度私のパートをがんばる気になりました。イエスさまは、立ち止まられて人を癒されました。きっと気にしてもらえてる眼差し、立ち止まってくださった愛に疲れ果てたこころが癒されたんかなと思います。

　神さまは残酷です。まだ、やりたいことがいっぱいあります。何でこの時期に……と思う毎日です。でも、私の父は「なぜですか」ではなく「何のためですか」と問え、と言っていました。今の私にはその答えはすぐには見つかりません、でも視点が大切なことは忘れないでいたいと思っています。引き続きお祈りください。

　これは姉貴に代筆してもらいました。姉貴の手はこれを打つのに 1 時間かかりましたが、彼女が来ると出ない痰が出るようになる、不思議な彼女です。

 2018 年 4 月 21 日　**虹と稲妻**＊

　一進一退の症状。主治医いわく未知との遭遇。

昨日はイメージトレーニング、どうやったらウイルスに肺から出て行ってもらえるか。ボコボコ作戦。これすると、怒って援軍呼んできたら困るから、おいでやっし〜、お帰りやっしゃ〜、吉本フレンドリー作戦、ちょっと違うな。京都らしく、お茶漬けでも食べますか？　ぶぶ茶漬けにしようか？

　朝からえらい発作が起き、目を開けたらエンジェルがまた手を握ってました。絶妙なタイミング。先生も来て、背中を押して優しくさすってくれて、しっかり者の副看護師長さんが吸引してくれて、やっと息ができるようになりました。あの発作が定期的に起きるのが怖いです。でも、来たものは対応しないといけないんでね。

　寿司屋のにーちゃん医師は、バイトの診察があって今日は来られないよと言ってたのに、バイト終わってヘロヘロなのに様子を見に来てくれました。主治医も峠を越えましょうね、今はボクたちががんばる時、榎本さんはゆっくりしときなさいね、と。今日もゆっくり寝れて明日を迎えることができますように。

　ねーちゃんが疲れてるのに、大阪の帰りに来てくれました。ちょうど苦しかったんで背中に手を置いてもらったら痰が出て楽になりました。ありがたい姉妹愛です。先生も言ってるけど、私も未知の世界です。

　私が牧師になったきっかけは、高校時代の最後にねーちゃんの連れ合いのゆうさんがガンで闘病してた時、いろんな話をしてくれたことです。「看護婦さんのような牧師になってください」と遺言のように言われ、その意味を深めていく人生でしたし、これからもそうだと思います。

　今日は、昨日ねーちゃんがくれたメールをアップします。今、やはりゆうさんは私のメンターやな。アーメン、私もそう思います、思いたいです、と、ゆうさんの祈りに声をあわせました。また明日。お祈りありがとうございます。

愛するてる子、

あんたが私の妹で私はほんとにうれしい！

誇らしい！　すごくハッピー！

こんなに苦しみと真っ正面から取り組み

どんなに攻められても逃げない。

このがんばりはどこからくるの？

信仰？　使命感？　生きたいという強い思い？

何かを、てる子でしか残せないものを人々に与えたい？

てる子、あなたが生きてることが私の喜びです。

　話すのがしんどくてなんにも言えなくても、私の話が聞こえなくても、あんたが必死で呼吸してくれてることが私の希望です。

　苦しいと思うけど、その苦しさに励まされてる人が大勢います。ほんとにありがとう♥

　大好きだよ。

　隣で青ちゃんがいてくれてるのよね。

　いい友達に恵まれ、信頼するドクター、ナースに囲まれ、その愛を素直に喜び自分を委ねてるてる子。

　ほんとにカッコいいし素敵です。

　どうか、今夜はぐっすり寝れますように。

　ゆうちゃんの言葉、送ります。

　「神さま、いささか苦しい一日でした。でも、あなたの御苦しみに比べればなんでもありませんでした。どうぞ耐える力を、耐える勇気をお与えください。そして御旨でしたら、その忍耐が無駄になりませんように。でも、このわからないことだらけで、行き詰まりの時、主が働かれるのでしょう。おねがいです、主よ哀れんでください。ただ、こんな状態なのにあまり魂の苦しみが大きくないことは感謝です。これも主の業でしょう。しかしそれがいつ崩れるかもわからないような

気もする。反面、この状態がどのような栄光に変えていただけるのか、という希望もある。どうか、主に栄光があるように。たとえ癒されなくても、みんな主の御手の内にある喜びを抱いていけますように」

「神さまは僕にくださったものをひとつずつ取られる。はじめに肺をやられたことでホルンを取られた。でも足があるからオルガンで奉仕できると思った。でもいま、足を取られたのでそれもできない。けれどもこのことで僕は思い煩わないよ。神さまがそうされるのだからね」

「私の苦しみの間も私を訪ねてくる喜びよ、私はあなたに対してこころを閉じることができません。私は雨の間も虹を描きます。そして、約束は空しいものではない！ と思えてきます。それは、悲しみがきっと涙ぬぐわれるようになるためです」

「つらい、つらい、思い煩う必要がない、と言われても思い煩っている。思い煩ってはいけない、と言われてもどうしようもない。余計つらい。御名をあがめさせたまえ」

「希望はあくまで捨てない。それでいて、死を迎える備えをしておかなくてはならない。むずかしい」

「九回裏まで希望を捨てない。そしてこの世にも執着しない」

神さまを信じている人は、何でも神さまの御心と受け入れることのできる人ではありません。絶望としか思えない状況の中にあって、うめき、苦しみながらも、なおそこで天に顔を上げ、神さまの可能性に賭けようとする人だと思います。その時神さまは必ず、泣きながら夜を過ごす人にも、喜びの歌と共に朝を迎えさせてくださいます。

てる子、おやすみなさい。

2018 年 4 月 25 日、榎本てる子さん、逝去

4 月 27 日、19 時より前夜式「Celebration of Life ―前夜のいのり―」
　　（前夜式の直前、式場となった教会から大きな虹が見えた。てる子
　　さんの最後の投稿に付された「虹と稲妻」というタイトルに呼応
　　するようなこの美しい虹を多くの参列者が目にした）

4 月 28 日、11 時より告別式「Celebration of Life」
　　　　　　　　　　　　　　共に、日本キリスト教団 京都葵教会にて

第4部　榎本てる子が歩んだ道

姉として、また同僚として、てる子さんと共に歩んだ二人が、「生活者・信仰者としてのてる子さん」「神学者としてのてる子さん」を振り返る。

第4部　榎本てる子が歩んだ道

Praise the Lord !!!
神に栄光あれ

橋本るつ子
（アシュラムセンタースタッフ、大阪女学院大学非常勤講師）

　私の愛する妹てる子は、2018 年 4 月 25 日静かに天に召されました。2007 年に膠原病の診断を受けて以来、闘病の生活を続けていました。

　55 歳という年齢はあまりにも若く、神さまから与えられた使命半ばであり、活動的で楽しくて多くの人から愛され、また愛したてる子にとってどんなにか無念であったことだろうと思います。しかしてる子の歩みを思い返す時、その一生は神さまが完成されたと思えてきました。姉である私の目から見たてる子の人となりと信仰を振り返り、神さまがてる子にしてくださった多くの恵みに感謝するとともに、てる子の生き様を通して神の栄光が現れるよう、祈っています。

　てる子は、私より 12 歳年下で小さい頃から私に懐き、いつもまとわり

ついていました。かわいがりもしましたが喧嘩もよくしました。てる子が5歳か6歳の頃、私が "Excuse me" をてる子に教えたところ、外国人を見つけその方の足をぎゅっと踏みに行き、にこっと笑って "Excuse me!" と言ったのには驚かされました。小さい頃からのお茶目で積極的で楽しい性格は多くの人に愛されていました。

　しかしその明るさの裏には牧師の家庭で生まれた者に共通する悩みも持っていました。私たちの父は榎本保郎と言い、「ちいろば牧師」の名で多くの方から慕われていました。優しく、楽しい父でしたが何でも「神さまが一番！」とする父に家族はしばしば辛く寂しい思いもいたしました。自分が何もないところから開拓伝道し教会員の数も増え、保育園の運営も順調であった京都の世光教会を辞める時、教会員から引き留められたにもかかわらず聖書のみ言葉と祈りによって一人で決断し、次の任地に移ることを決めました。次の任地となった愛媛県の今治教会では、度々病気になり入退院を繰り返しましたが、大切にしていただいたにもかかわらず、また同じように聖書のみ言葉、祈りによって辞任を決断し、家族には事後報告だけでした。そんな時てる子は「お父ちゃんなんか結婚せんかったら良かったのに。神父さんになったら良かったのに」とよく言っていました。お客様が多く、家族団欒などあまりなく寂しさは想像以上だったと思います。

　1977年、父がブラジル、アメリカ伝道旅行に出かける前日に事件は起こりました。たくさんの訪問客が父の伝道旅行の壮行のため来ておられ、当時中学3年生だったてる子は何とか父に注目してもらいたいためにちょっとした嘘をつきました。その嘘が疲労困憊していた父の逆鱗に触れ大声で叱られ、電話帳で叩かれ、心に大きな傷を受けました。自分が悪いのは分かっていたでしょう。叱られたのも当然と思っていたでしょう。しかし、その伝道旅行途上、ロサンゼルスで天に召されてしまった父との最後の思い出は、あまりにも悲しい出来事でした。「もしもてるちゃんが、あの時あんなに先生を怒らせなかったら先生は死ななかったかもしれ

ない」という噂もてる子の耳に入り、彼女は自責の念で苦しみ続けました。父親との不本意な別れが、てる子が牧会カウンセリングへ進むきっかけのひとつとなったのではないかと思います。

　その後高校1年生で洗礼を受けましたが、父が遺したものから学ぼうとする姿勢は感じられませんでした。残された父の本も読まず、説教テープも聞こうとせず、父のことを話してくれる人の話も聞かず、自ら進んで父の話もせず、すべてを拒絶していました。しかし夜になると父の死の姿を思い出し、夜泣きし、うなされることも度々あったそうです。その後カナダに留学した時に受けたカウンセリングを通して、自分を無意識のうちに苦しめていた父の死から少しずつ解放されていったようです。そして父が書いた『旧約聖書一日一章』を聖書と一緒にむさぼるように読み、留学中の孤独と学びの大変さとに力を与えてもらっていました

　『旧約聖書一日一章』の中にこんな文章が書かれてありました（詩篇119篇の箇所への書き込み）。

　「神に栄光あれ！　父が危篤の時に詩篇119篇を読んだのを覚えている。今やっと父の死の意味が分かった。神に栄光あれ！」

　てる子が牧会カウンセリングに自分の使命を見いだしたきっかけがもうひとつあります。それは私の夫である橋本裕との出会いでした。裕は関西学院大学大学院を卒業後、梅光女学院短期大学の教師として下関で働いており、てる子は「裕さん、裕さん」と慕ってくれていました。しかし30歳の時癌を発病し、1年11か月闘病の後、33歳になる1週間前に天に召されました。その闘病中、関学神学部生であったてる子が冬休み手伝いに来てくれ、昼間の疲れで夜寝てしまう私に代わって、ずーっと主人の傍らに寄り添い寝られない主人の話し相手をしてくれました。どんなに助けられたことでしょう。てる子が残した本『…というわけで、おかげさんで…カナダ体験記』の中にこんな文章が書かれていました。

裕兄さんの日記の中に、こんな一文があった。

「僕は今まで、失敗の少ない人間だったと思う。……失敗をしないようにという姿勢は、いつも僕の意識下にあったと思う。そしてそのためにいつも一歩、二歩先を読み、考え、計算し、そして行動する。しかし、この病気は計算外であった。それでも失敗のないように闘病生活を送ってきた。ところがもう先を読むことができなくなった。ただ、そんな姿勢だけは、ちゃんと生きているのでよけい苦しむのかも知れない。まさにヤコブ 4:13-16 を学ばねばならない。今許されて、恵みによって生かされているという点から出発しなければならない。砕かれて、自分が自分の主であることを捨てねばならない。主よ、それをなさせたまえ。」

いつも裕兄さんを訪問して思ったことは、冷静だということであった。時に、「何でこんなに冷静なんやろー」と思った。特に印象的な言葉が、「それでも失敗のないように闘病生活を送ってきた」という言葉である。そしてその中で、冷静に自分を見つめ、神に頼っていく姿勢をもたれているということである。私には確信はないが、裕兄さんの生き方はやはりイエス・キリストを基とした生き方だったのであろう。たとえ、33歳という短い人生でも、もっとも苦しい時をあのように生きられたということは、過去においてもそうであっただろうし、未来においても、そんな生き方をされたのであろう。

彼の死は、多くの人にメッセージを残したと思う。私もその中の一人である。それは苦しみもだえる中で、イエス・キリストの十字架と復活の意味を考え、神により頼んでいかれたからであろう。

……人生には春もあるし、暑い夏もあるし、秋もあるし、冬もある。しかしどの季節も神さまが造られ、そしてその中に神さまはいらっしゃる。私達の人生の中も、どんな時にも神さまがいてくださるのである。その神さまに、必死に信頼していきたいものである。

又、牧会者として思うことは、私達はただその人の死に面してカウン

セリングをするのではなく、日頃の交わりにより、その人の悩みや経験を分かち合い、そうした信頼関係の深い交わりを通してはじめて、その人の気持ちを理解していけるのではないだろうか。私はそういう意味でも教会の人たち、又自分の友達との交わりを大切にしたい。そして又、私もその仲間の一人として、自分の苦しみや歩んでいる道を共に分かち合いたい。そういう意味でもコミュニティーづくりは大切だと思う。

（『…というわけで、おかげさんで…』58-60頁）

　神さまは、てる子の歩みの中で、時にかなった人との出会いを与え、てる子の使命をはっきり示されました。それを知ったてる子は父と同じく自分の信じたものに命を賭けて、もがきながら進んでいったように思います。あれほど拒絶していた父の生き様とそっくりだな、と思わずにはいられません。何がてる子を突き動かしていたのでしょうか。

　私は時々てる子の家に泊まりに行き、家事など手伝っていました。朝になるとてる子はベッドの上でスマホで聖書を、そして、枕元に置いてあるぼろぼろになった父の『旧約聖書一日一章』を読んでいました。亡くなってからそのぼろぼろになった父の『旧約聖書一日一章』をめくっていますとたくさん線が引いてあり、たくさん書き込みがありました。

「神さま、み言葉によって立たせて下さい」

「私にではなく、主に栄光を帰せることができますように」

「コミュニティーの夢が人間的な思いではなく、神の栄光となりますように」

「アーメン、主よ感謝します。み言葉に聴き従うことができますように」

「あの世に希望を置くということは、果たして現在を生きるということなのか？」

　などなど、その時読んだみ言葉、それに対する父の解き明かしに対して

自分の心の中の思いを書き留めていました。そして寝ているのかな～？と思い話しかけると、「黙ってて！　今お祈りしてるんやから」ときつく言われたことが度々あります。

　牧師として、教師として、カウンセラーとして、また友として、同労者として、家族としてこの世を駆け抜けたてる子を突き動かしていたもの、それは紛れもなく神さまの愛であり、み言葉の力であり、神さまへの祈りと多くの方々からいただいた愛であったと確信しています。

　てる子、ありがとう！　また、会いましょう！
　Praise the Lord !!!　神に栄光あれ !!!

第4部　榎本てる子が歩んだ道

神学者としての榎本てる子

「善いサマリア人」の神学

中道基夫
（関西学院大学神学部教授）

　榎本てる子さんにとって「神学」は苦手な言葉ですが、「神学」にとっても榎本てる子さんは苦手な存在でありました。榎本さんは大学で働くために論文を書き続けてきた研究者ではなく、様々な現場で実践家として働いてきました。その業績が評価されて関西学院大学神学部に准教授として任用されましたが、実際大学で働き出すと、自分がいわゆるアカデミックでないことがコンプレックスになっていきました。しかしその逆に、榎本てる子さんが考え、実行し、学生たちに伝えようとしていたことは、アカデミックな神学にコンプレックスを与えるものでありました。榎本さんの発想や感覚、実践は、神学に対して「役に立つのか」という問いを突きつけるものでした。そのような榎本てる子さんが神学教育にたずさわった

10 年は、130 年の歴史を持つ関西学院大学神学部にとって非常に意義深い年月であったと言えます。

　決して、榎本てる子さんが神学的ではなかったというわけではありません。榎本さんの神学を表現する言葉が、神学の中に、また榎本さんの中にもなかったということです。あえてその神学を表現するとするならば、「善いサマリア人」の神学と言えるのではないでしょうか。

1. 「善いサマリア人」の神学①　「その人を見て憐れに思い」

ルカによる福音書 10:30-36

「ある人がエルサレムからエリコへ下って行く途中、追いはぎに襲われた。追いはぎはその人の服をはぎ取り、殴りつけ、半殺しにしたまま立ち去った。ある祭司がたまたまその道を下って来たが、その人を見ると、道の向こう側を通って行った。同じように、レビ人もその場所にやって来たが、その人を見ると、道の向こう側を通って行った。ところが、旅をしていたあるサマリア人は、そばに来ると、その人を見て憐れに思い、近寄って傷に油とぶどう酒を注ぎ、包帯をして、自分のろばに乗せ、宿屋に連れて行って介抱した。そして、翌日になると、デナリオン銀貨二枚を取り出し、宿屋の主人に渡して言った。『この人を介抱してください。費用がもっとかかったら、帰りがけに払います。』さて、あなたはこの三人の中で、だれが追いはぎに襲われた人の隣人になったと思うか。」

　サマリア人が、追いはぎに襲われた人を助けたのには、理屈はありません。ただ「その人を見て憐れに思」ったからでした。その人を見た祭司もレビ人も、おそらくその人を助けるべきかどうか神学的に考えたことでしょう。道の向こう側を通っていったのは、彼らなりの神学的な思索と理由があったことでしょう。しかし、サマリア人はただその人を見て、憐れ

に思ったのでこの人を助けたのでした。

　榎本さんの行動も理屈が先立つものではありませんでした。そこに困っている人がいる、そこに悩んでいる人がいる、だからその人と話したい、その人を少しでも助けてあげたいということが中心でした。

　榎本さんが関わった人の中には、セクシャリティーの問題で悩み苦しむ人たちがたくさんいました。その関わりの中で、セクシャリティーについての神学的な議論にも出会ったことと思います。それは聖書的にはどうなのか、神学的にはどう考えるのか、キリスト教では許されるのかという議論に直面したことがありました。しかし、榎本さんの神学的な答えは、「そんな議論をしても意味がない。わたしの目の前に、その問題に苦しんでいる人がいる。解放を求めている人がいる。いいとか悪いとか、許されるとか許されないという問題ではない。そこにその人がいるということや」でした。わたしの目の前に助けを必要としている人がいる。その人の力になってあげたい。その人の傷ついた経験、背負った傷を消すことはできないけれど、その傷と共に生きていける助けになりたい。それが彼女の神学でした。

　大学に貼られた「薬物禁止」のポスターを前にして、「薬物の使用が悪いのは分かっている。しかし、薬物を使ってはいけませんなんて言葉は役に立たない。その薬物を使ってしまって、そこから抜け出すことができなくて悩み苦しんでいる人に、ここに行けばあなたは助かりますよという情報の方が必要や」と語っていました。

　大学の世界で、榎本さんはまた新しい世界に出会います。榎本さんの言葉で言うならば、「わたしはエイズカウンセラーをする中で、迷える小羊たちに出会ってきた。その人たちは、不安で泣き声を上げ、助けてって叫んでいた。しかし、大学に来て、一見何事もなさそうな99匹の中に、大きな苦しみや悩みを抱えていても、黙って、声も上げずにいる人たちがこんなにもたくさんいるんだということに驚いた」ということでした。

　榎本さんは遅くまで学生の相談に乗り、夕食をおごり、声をかけ、電話

をかけ、メールを送っていました。それこそ、「近寄って傷に油とぶどう酒を注ぎ、包帯をして、自分のろばに乗せ、宿屋に連れて行って介抱」していたのです。榎本さんの個人研究室には、人々が自然と集まっていました。

2. 「善いサマリア人」の神学②　境界を越えて

「善いサマリア人」の例え話の中には、たくさんの境界が存在します。見も知らぬ他人、しかも血を流し倒れている非日常的な状況にいる他人との境界。聖職者と血で汚れた人の間にある境界。ユダヤ人とサマリア人の間にある境界。そして、その境界を越えないこと、もしくはこの例え話の前提になっている「わたしの隣人とはだれですか」という境界のうちにとどまることが問題になっています。

しかし、このサマリア人が、そこにある越えにくい境界、自分を守るために引かれた境界を越えることによってこの物語は命を得ています。このサマリア人は、境界を越えて、傷ついた人の隣人になっています。

榎本さんの神学は、この境界を越えることに意味を見いだしていました。逆に言うと、一つの境界に縛られることを嫌い、その境界を踏み越えて、解放されたところにある喜びを経験しようとする神学でした。

榎本さんは、「バザールカフェは教会ではない」という言葉に傷ついていました。確かに、バザールカフェは宗教法人法上の教会ではありません。そこで毎週日曜日の10時半から礼拝が行われているわけではありません。制度上の教会であるというわけではありません。しかし、バザールカフェは宣教の業であるという自負を持っていました。そこに集ってくる人たちと共に、それぞれの生きる現場を通して聖書を読み、理解し、意見を交換していました。そこで語られた生きた言葉の数々を、目をキラキラさせながら話してくれたことを覚えています。そこにはクリスチャンかどうか、教会員かどうか、キリスト教を学んでいるかどうかという境界はあ

りません。宗教的な聖典としての聖書と自分たちの生活との境界もありません。牧師の説明によって聖書を理解するという境界もありません。聖書が読まれているということではなく、そこに集っている人たちの生の現実のぶつかり合い、共に生きていこうとする姿に宣教の場を見いだしていたのです。そして、そのような交わりの中で生きている人々が神学的な発言をしていることを語ってくれたことがあります。そこに、教会という境界の内側にとどまっている教会が失ってしまった宣教のダイナミズムがあったのだと思います。

　神学が境界を明確にすることであるならば、榎本さんにとっては、その瞬間にその神学は神学ではなくなっていたのでしょう。

3.　新しい実践神学の挑戦　「めっちゃ、おもろいなぁ」

　榎本さんの神学は、文献を読み、調べ、まとめる神学ではありませんでした。ボイセンがいう "Living human documents"（生きた人間の物語）こそ榎本さんの神学の対象でした。目の前で生きている人の現実、それがまさに神学の対象であり、そこからどんな神学が生まれるのかを語りたいと思っていました。そして、その兆しが少しでも見えると「めっちゃ、おもろいなぁ」と喜んでいました。その「おもしろさ」とは、神と人間との出会いの不思議さ、そこで生きて働かれた神の業に対する賛美、解放された人間の喜びを意味するものです。

　しかし、榎本さん自身が、その神学の仕方を見せ、その神学を言葉で表現して、学生たちに示すことができないという時間的、健康的限界に悩んでいました。それに、人々に関わっていなければその神学は生まれない、しかし人々に関わっているとその神学を文字にできないというジレンマにも苦しんでいました。榎本さんにとっては、人々と関わっていることの方が、文字にすることよりもよっぽど楽しかったのでしょう。それは自分の神学を構築すること以上に意味のあることだったんでしょう。

新しい実践神学のアプローチが必要である。それが、彼女がわたしたちに残してくれた課題です。わたしたちが語る説教、神学、宣教の報告に、榎本さんは「めっちゃ、おもろいなぁ」と言ってくれるでしょうか。

おわりに

本書成立に至る経緯

　2018年1月4日、榎本てる子先生の自宅がある京都へ。この日、初めて顔を合わせた工藤万里江さんとともに、新しく出す本の打ち合わせが始まりました。12のエッセイを主軸として、12人の物語（パーソナル・ストーリー）を所々コラムとして掲載しよう。話し合いを重ね、出版に向け着々と準備が進んでいきました。しかしその一方で、先生の体力も徐々に衰えていきました。ペンをとることが難しくなって、話すと息が苦しくなって……。また、本の出版に関してもこの時期、先生は様々な葛藤を抱えておられたようです。当時の心境を「序」の中でこう綴っておられます。

　　大森さんには悪かったのですが「何かを残していきましょう」と言われたときは、しばらくそんな気にはなれないよ、死ぬことを意識して生きるのは無理。それはいつもどこか頭の隅っこにはあるけど、なるべく見ないように生きていきたい。書くということは、死を意識しないといけない、勘弁して……と内心拒絶していました。具体的な本の出版に向けての話し合いも、参加しているけど心ここにあらずでした。

203

おわりに

2018年1月4日、榎本てる子先生の自宅に、本の打ち合わせのため集まったメンバーで。

　あの時は、無理に追い込んでしまっていたこと。ごめんなさい、先生。
　この序文が送られてきたのが 2018 年 3 月 9 日。その後、先生から新しい原稿が送られてくることはありませんでした。そのまま 4 月 25 日を迎えます。当初の予定は白紙に戻り、本の企画は一時中断せざるを得なくなりました。
　そんななか、風向きが変わったのは 10 月中旬のことです。きっかけは、先生が病床で発信しておられたフェイスブックの投稿でした。その一部を『信徒の友』（2018 年 9 月号）で取り上げていただいたのですが、これが日本キリスト教団出版局の土肥研一さんの目に留まり、書籍化に向け新たな企画が立ち上がることになります。当初の予定より、内容を大幅に変更することとなりましたが、こうして榎本てる子先生が生きた証──「私の物語」をみなさんにお届けできること。いま、その役目を果たすことができて、ほっと胸を撫で下ろしています。

欠けを抱えた、まるごとの自分
　多くの学生から親しまれ、愛されていた榎本てる子先生。先生自身もまた、学生と親しく交わり、たくさんの愛情をもって接してくださいました。個人研究室はいつも人で賑わい、笑いと涙が絶えませんでした。ボンベが

積まれた電動車イスに腰掛け、鼻には酸素チューブ、手にはコーラが榎本流（スタイル）。どれだけ自分の体が苦しくても、学生と語り合い、悩みを聞き、祈り、車で送り、そして一緒にご飯を食べる。そんな先生の姿が今も目に焼き付いています。そうした関わりのなかで、自分を見つめ直し、新たな視点（自己理解）を得てそれぞれのフィールドに出て行った学生たち。その様子をずっとそばで見させてもらえたことは、かけがえのない財産です。

　ただ当然のことですが、いつも学生との関わりが良好だったわけではありません。時に反感を買い、批判にさらされることもありました。そんな時、よく先生は落ち込んでおられましたが、そういった自分の姿も学生の前で隠そうとはされませんでした。ここが榎本てる子先生の極めてユニークな点であったと思います。先生は人との関わりのなかで露わになる、自分の弱さや欠点など、普通なら人前で見せたくないものも、すっと口にして表に出すことができました。多くの場合、その姿は周りに安心感を与え「自分もさらけ出してみよう」と、今度はその場にいる人が自らの弱さや、これまで人に言えなかった思いを吐露していく。そんな風に、人と人とが裸の自分になって真実に出会える場（関係性）を生み出していくことに、特別な喜び（意味）を見出しておられるようでした。

　欠けを抱えた、まるごとの自分を生きていく。その姿をご自身の生き方を通して、授業のなかでも、ふだんの関わりのなかでも、ボクたちにさらけ出してくださいました。

どんな言葉よりも

　「先生、今まで先生がボクらに言ってきたことを残してくださいよ。
　　手伝いますから。ボク、今度は後悔したくないんですよ」

　8年前、当時22歳だった弟をガンで亡くしました。後悔だらけでした。

おわりに

弟の死を乗り越えていくために「あんた授業で喋り」と、背中を押してくれたのも榎本先生でした。1年に1度、グリーフケアの一環として学生からインタビューを受け、その時に湧き起こってくる感情を言葉にする。これを7年間続けました。弟に対して抱いていた後悔の念を払拭するのに、それだけの時間が必要でした。そのプロセスに先生は最初から最後まで伴走してくださいました。

今回、先生の口から「余命」という言葉を聞かされた時、即座に浮かんだのが「後悔したくない」という思いでした。いろんな場面で同じ過ちを繰り返してしまう自分ですが、ここで同じことをしては弟に対しても先生に対しても申し訳が立たないと、心からそう思いました。時間的にも環境的にも様々な制限はありましたが、それでも"いま"自分にできることを悔いなく選び取っていこう。そんな想いのなかで最期の時まで関わらせていただくことができました。ひとりの人の人生にあれだけの想いを注ぐことができたのも、榎本てる子先生だったからだと、そう思っています。

ボクは先生に何か言葉を残してもらいたいと考えていました。先生もこれまで自分が取り組んでこられたことをまとめたいと、ふと口にしておられました。そこから本を新たに出版するという話が始まりましたが、結局、それは実現しませんでした。新しい本の原稿を書く代わりに、先生はフェイスブックを通して、死に向かっていく自らの心境を告白し続けていかれました。結果、それがこうして本になりました。これでよかったのかもしれません。

この本は、特にいま病床でひとり孤独と向き合っている人に手にしていただきたいと思います。赤裸々に、そして自由に、ひとりの人が自らの死を受け入れていくプロセスがここには記されています。

　「できる」ことに価値を置く社会の中で、「存在する」ことに価値があるんだということを人に言ってきたのに、いざ自分のことになると「存在するだけで価値があるんだろうか?」と悩んでしまう自分が情

206

けない。社会の価値観を否定しながら、無意識にその価値観で自分を
も見ていた。恥ずかしい。できない自分、弱さを持った自分を見つめ、
それを受け止めてもらえる存在との出会いを今求めている。

（本書 132 頁）

　すごい告白だと思います。揺れる自分。できなくなっていく自分。人の
助けを受けなければならない自分。ここでもまた最後まで、欠けや弱さを
抱えた、まるごとの自分を生きようとされた先生の姿が浮かんできます。
　ボクは先生に言葉を残して欲しいと願いましたが、本当に残っていくの
はどんな言葉よりも、その人がどう生きたかという姿勢なのかもしれませ
ん。

愛し、愛される中で

　本書のタイトル（『愛し、愛される中で——出会いを生きる神学』）が示す
ように、この本の中でくり返し語られているのは、"関係性のなかで人は
生きていく"ということだと思います。わたしに与えられた人生、命だけ
れど、それはわたしひとりでは完結しない。だからこそ、いま目の前に置
かれた人（状況）と、どのようにして自分は出会っていくのか。それがこ
の本の、そして榎本先生が生涯追い求められたテーマだと思います。
　出会いのなかで生まれる様々な出来事（物語）の意味を、聖書と対話し、
人として弱さを抱え生きられたイエスの姿と重ね合わせながら、クリエイ
ティブに神学化していく。そしてそのなかで、人を通して働いてくださる
神の姿を捉えていく。それが、出会いに生きることを選び続けられた、榎
本てる子先生の実践神学者としての核心ではないかと思います。

　と、ここまで書かせていただきましたが、これはあくまでボクの目から
見た榎本てる子先生の姿のほんの一部にすぎません。先生の魅力、その温
かみを伝えるのに、ボクの言葉はあまりにも足りません。

207

先生、今でもほぼ毎日、先生の写真を見てます。悩んでいる時やつらい時、真っ先に先生のこと思い浮かべてます。そのたび、先生は笑顔で「あんたらしくやりや」って、いまもずっと背中を押してくれてる。出会ってくださって、ありがとうございました。

おわりに

リアルタイムで先生のフェイスブックを読んでおられた方はご存じかと思いますが、正直、先生の文章には解読不能な点が多々（！）ありました（先生、ごめんなさい）。ですから編集作業（暗号解析）は、それはそれは本当に苦労しました（土肥さん、万里江さん、お疲れさまでした）。

最後になりましたが、この本のために原稿を寄せてくださった青木理恵子さん、橋本るつ子さん、中道基夫先生、ありがとうございました。イラストを描いてくれたまあちゃん、ありがとうございました。また、はじめに榎本てる子先生のフェイスブックへの投稿を『信徒の友』に掲載したいと申し出てくださった日本キリスト教団出版局の市川真紀さん、ありがとうございました。そして何よりも、ここまで一緒に先生の本作りのため格闘してくださった工藤万里江さん、また今回この本の出版のために熱い思いを寄せ、ご尽力いただきました土肥研一さん。先生と交わした約束を果たせたこと、本当に嬉しく思っています。ありがとうございました。

「私の物語とこの本を読んでくださった人の物語との間に対話が生まれ、そこに自分を超えた存在の働きをそれぞれの感覚で感じてくだされればと願っています」。この先生の願いが、ひとりでも多くの方に届くことを祈りつつ。

2019 年 3 月 3 日

大森照輝

（関西学院大学神学部卒業生）

榎本てる子

1962年、京都市に生まれる。

1985年、関西学院大学神学部を卒業し、日本基督教団教師となる。カナダのウォータールー・ルーテル神学校修士課程、ウィニペグ大学臨床牧会教育課程修了。帰国後、エイズ／HIV問題に取り組み、看護学校でチャプレン、医療機関でカウンセラーとして働く。

1998年に「違いを超えて人がありのままに受け入れられ、互いの価値観が尊重される社会づくり」を理念に、京都市内にバザールカフェ（市民有志と日本基督教団京都教区の共同運営）を、2002年には大阪でHIV陽性者の支援を行うNPO法人CHARMを開設する。

2008年より関西学院大学神学部准教授（実践神学）。

2007年膠原病（こうげんびょう、シェーグレン症候群）を発病。2018年2月に病状が悪化し、京都市内の病院に入院。同年4月25日、急性肺炎のために息を引き取った。

愛し、愛される中で
出会いを生きる神学

© 2019 橋本るつ子

2019年4月25日 初版発行

著者 榎本てる子

発行 日本キリスト教団出版局
〒169-0051
東京都新宿区西早稲田2-3-18
電話・営業 03（3204）0422
編集 03（3204）0424
http://bp-uccj.jp/

印刷・製本 三松堂印刷

ISBN978-4-8184-1031-2　C0016　日キ販
Printed in Japan

JASRAC 出 1903933-901

■
日 本 キ リ ス ト 教 団 出 版 局 の 本
■

傷ついた癒し人　苦悩する現代社会と牧会者

H. J. M. ナウエン：著　西垣二一・岸本和世：訳

（B6判224頁／2000円＋税）

現代において真に「牧会者である」とはどういうことだろうか。20世紀を代表する霊的指導者のひとり、ヘンリ・ナウエンがこの問いに応える書。牧会者が現代人の苦しみを知り、その心の傷を癒そうとするとき、牧会者自身の傷をこそ、癒しのよりどころとしなければならない、と彼は言う。

牧会学入門

チャールズ V. ガーキン：著　越川弘英：訳

（A5判402頁／5800円＋税）

牧会とは、私たちの人生が形づくる「個人の物語」を、「キリスト教の物語」へと結びつける働きである——。牧会の歴史、理念、実践を総合的に論述。従来の「心理療法」的視点を乗り越え、「物語の解釈」という新しい視点から牧会を理解しなおすことを目指す。

自死遺族支援と自殺予防　キリスト教の視点から

平山正実・斎藤友紀雄：監修

（四六判240頁／1800円＋税）

年間25,000人近くが自死する日本社会にあって、教会、信徒はどのように自死に向き合うべきか。本書は自死遺族支援、自殺予防をテーマに展開。遺族、自殺未遂体験者の手記、支援者や専門家からの提言を収録。「自死」を通して、「生きること」をあらためて考える。